인류세의 인문학

캐럴린 머천트 지음 | 우석영 옮김

인류세의
인문학

기후변화 시대에서
지속가능성의 시대로

동아시아

차례

서문

우리는 모두 영원의 바다를 떠가는 생명의 섬광閃光이다. 인간이든 동물이든 식물이든 박테리아든, 모든 생명체는 자연의 법칙 가운데 가장 무자비하고 가차 없는 법칙과 끊임없이 투쟁하는데, 그것은 바로 열역학 제2법칙이다. 모든 생명체는 이 전투에서 속절없이 패배하고 만다. 왜냐고? 세계 자체가 지금 이 순간에도 소진되고 있기 때문이다. 세계는 질서에서 무질서로 줄곧 이동하고 있고, 반면 엔트로피(유용한 작업의 수행에 무효한 에너지)는 계속해서 증가하고 있다. 지구의 종말은 모든 것의 온도가 똑같아지는 열사熱死, heat death일 것이다. 움직임도 없고, 변화도 없고, 형체 변형도 없는 상태.

진화는 새로운 질서를 만드는 것으로서 언뜻 보기에 엔트로피를 거부하는 것처럼 보인다. 태양으로부터 새 에너지가 지구로 공급되어 왔고, 그에 따라 진화는 한층 더 복잡한 형태의 생물종들species과 속들genera과 과들families을 부단히 창조해 낸다. 그러나 각각의 생명체는 열역학 제2법칙과 직면해서는 생명의 전투에서 패배하고 만다. 개별 생명체는 자신과 같은 류를 재생산하고, 성장해서는 늙고, 이내 죽어 간다. 새 생명체 각각은 영원히 제 모습을 감추기 이전에 아주 짧은 순간 존재할 뿐인 하나의 섬광에 지나지 않는다. 우주 자체가 계속해서 팽창하며 온도 차가 0에 가까워지면서 열사에 굴복하고 말지, 아니면 수축해서 하나의 블랙홀 속으로 무너져 내리다가 다시 떠오를지는 그 누구도 알지 못한다.

그런데 21세기 중엽으로 다가서는 오늘날, 무수한 생명체가 지구에서 사라지고 있는 사태는 지대한 관심사이다. 현재 우리는 화석연료의 지속적인 연소가 만들어 낸 지구온난화의 효과에 직면해 있고, 극단적 기후 패턴을, 극지방의 빙하 용융과 허리케인, 홍수와 토네이도를 점점 더 많이 마주치게 될 것이고, 이러한 현실은 지구 자체의 죽음이라는 악령이 출현할 가능성을 높이고 있다. 인간의 활동이 전례 없는 파괴적인 방식으로 자연에 임팩트를 가하는 새로운 지질학적 시대로서의 인류세Anthropocene(2000년에 과학자 파울 크뤼천Paul Crutzen과 유진 스토머Eugene Stoermer가 이름 붙인)라는 개념은 (오늘날 우리가 알고 있는 바대로의) 지구가 미래에 더는 존재하지 않을 수 있음을 시사한다. 인류세 시대(18세기 후반기 증기기관의 출현부터 석탄, 석유, 천연가스 같은 화석연료의 연소량 증가가 문제시되는 오늘날까지를 아우르는 기간)에 자연을 다시 생각해 보는 일에는, 과학뿐 아니라 인문학 자체를 새로 개념화하는 작업을 요구한다는 심대한 함축이 있다. 예컨대 지구온난화와 관련된 대기오염, 수질오염은 역사, 예술, 문학, 종교, 철학, 윤리와 정의에 어떻게, 얼마나 반영되고 있을까? 기후변화와 더불어, 인간으로서 살아간다는 것이 무엇을 뜻하는가에 관한 생각은 어떻게 변하고 있을까? 인류세 시대, 인류와 인문학에게 어떤 미래가 준비되어 있을까?

스웨덴 환경사학자 스베르케르 쇠를린Sverker Sörlin은 「인문 과학에서의 환경적 전환Environmental Turn in the Human Sciences」이라는 논문에서 이렇게 쓰고 있다. "환경 인문학이라는 새로운 개념의 학문에 상당한 에너지가 투여되고 있다. 이 학문은 광범위한 다학제 간 접근법으로서, 인간 행동이 환경적 차원과 보조를 맞추도록 하려는 공동의 노력을 추구하는 (…) 인문학의 새로운 의지를 일러준다. 환경 인문학을 위한 프로그램이나 관련 계획들이 이미 유럽, 오스트레일리아 그리고 프린스턴, 스탠퍼드, UCLA 같은 미국의 대학들에서 출현하고 있다." 과학, 정치, 경제, 거버넌스 분야에서 인류세에 관한 숱한 논문과 책이 출판되었다. 하지만 인문학과 관련하여 인류세를 분석한 담론은 아직 상대적으로 소수에 불과하다.

인류세 시대엔 인류와 자연의 상호 생존과 관련해 많은 것이 위태롭기 그지없다. 21세기 환경 위기에 대해 일반 미국인이 관심을 가지도록 하는 데 인문학의 중요성은 지대하다. 변화를 구현하는 과업에 개인과 정부 기관, 지역사회가 참여하도록 하려면 과학자의 연구뿐 아니라, 인문학의 통찰 또한 그에 못지않게 긴요하다. 인류세의 복잡한 대규모 환경 문제들에 적용할 수 있는 환경 인문학의 담론들, 우리는 그 이론적 프레임을 모색해야만 한다.

인류세라는 개념 덕에 우리는 인문학을 21세기의 매력적인 학문으로 다시 개념화할 수 있을지도 모른다. 언어와 이미지는 개인들의 행동 방식과 공공 정책에 변화를 일으키고 대중을 일깨우는 데 생산적인 역할을 할 수 있다. (역사, 예술, 문학, 종교, 철학, 윤리와 정의로 예시되는) 인문학 담론은 향후 50년에서 100년간 그리고 그 너머로 이어질 시대에 우리가 마주치게 될 중대한 선택지들에 관한 새로우면서도 설득력 있는 인식을 만들어 낼 수 있을 것이다.

이 책은 현재의 지구와 그 미래를 그리고 지구의 생명을 보전하기 위해서 인간으로서 우리가 할 수 있는 일은 무엇인가라는 주제에 관심 있는 교육받은 일반 대중을 위해 집필되었다. 환경, 인문학, 사회과학을 조명하는 학부 과정과 대학원 세미나, 전자책 동아리나 토론 모임에서 활용될 수 있을 책이다. 이 책은 예술과 인문학, 과학과 역사, 윤리와 정의를 검토하며, 그럼으로써 창의적 해법을 고무하고 사려 깊은 대응을 촉발하고자 한다.

이어지는 장에서 나는 인류세라는 용어를 소개한 뒤, 왜 이러한 새 명칭이 중요한지 질문할 것이다. 또 과학자들과 인문주의자들이 이 용어에 부여한 다양한 의미를 비판적으로 검토할 것이다. 인류세라는 개념은 인류가 직면한 미래 위기의 성격을 분명하고 강력한 방식으로 규명함으로써, 산업화 이전 시기, 식민지 시기, 산업화 시기, 모던 시기, 포스트모던 시기 같은 지난날의 시대 규정·개념들을 훌쩍 뛰어넘는다고 주장할 것이다. 특히 서구 문화권에서 출현한, 인류세의 기원들과 관련이 깊은 사상들을 검토할 것이다. 또한 어떤 행동 규범들이 에너지, 과정, '녹색' 과학에 토대를 둔, 지속가능성의 새 시대New Age of Sustainability를 지시해줄 수 있을지 검토할 것이다. 나는 인류세와 인문학의 연계가 왜, 어떤 식으로 미래의 우리 모두에게 중요한지 밝히고자 한다.

내가 이 책의 본문에서 주목한 지역은 산업화가 처음 발생했던 유럽(특히 영국)과 미국이지만, 인류세라는 개념이 더 깊이 탐구될 수 있고, 탐구되어야 하는 다른 대륙과 지역들도 함께 언급하고 있다. 나의 궁극적 목표는 서구의 역사와 사상이 지닌 문제점들을 검토하는 것, 미래를 위한 이상이 될 수 있을, 과정과 동반자 관계에 관한 새로운 원칙을 제안하는 것이다. 이 작업을 수행하는 동안 나는 나의 학문 이력 전반에 걸쳐 있는 아이디어들에 의존하고 그것들을 종합할 것이다. 인류세라는 시대가 무엇을 뜻하는지, 그것이 어떤 식으로 예시되는지, 그리고 인류세를 지속가능성의 시대로 전환해 낼 가능성은 무엇인지에 관해 통찰을 제공하는 (과거의) 내 책과 논문들 속의 개념들을 이 책에서 다룰 것이다.

이 책이 관련된 주제 전체를 망라하는 책이라고 주장하지는 않겠다. 나는 모든 국가와 대륙과 시대를 다루려고 하지도 않고, 최근 몇 년간 출간된 인류세에 관한 책 전부를 인용하려 하지도 않는다. 오히려 나는 사유를 자극하는 사례들을 선택적으로 골라내어, 인류세와 인문학의 관계에 대해 통찰을 제공하고자 하며 다른 이들이 어디에서 이런 연구를 생산적인 방식으로 확장할 수 있을지 지적하고자 할 뿐이다. 일반 독자들도 이 책을 쉽게 접하도록 인류세의 출현에 주요한 역할을 했던 인물들의 이미지를, 아울러 인류세의 의미와 결과의 특징을 말해주는 미술 작품들을 책에 집어넣었다.

인류세라는 시대 맥락에서 기후변화의 원인과 결과 그리고 기후변화와 밀접히 연관성을 갖는 것들을 밝혀내려는 우리의 탐구는 인류의 미래를 위해 대단히 중요하다. 온실가스 축적량의 지속적 증가, 지구 온난화, 그리고 북극과 남극과 산 정상의 빙하와 빙설의 용융이라는 사건은 지구 해수면 상승에 어마어마한 충격을 주고 있고, 그에 따라 세계 곳곳의 생명체들에게도 동일한 효과를 내고 있다. 기후변화가 초래한 효과는 수온 상승, 가뭄, 사막화, 생물종의 멸종과 이동에서 또렷이 나타나고 있다. 인류 역시 악영향에 노출되어 있다. 특히 개발도상국가에서 살아가는 여성들은 물을 길어 나르기 위해 장거리를 이동하고, 연료를 취합하며, 가족을 돌보는 등의 작업이 늘어나면서 커다란 부담에 시달리고 있다. 늘어난 노동의 양은 특히 빈곤층과 노동자 계급, 인종 차별의 희생자들, 여성들의 고통과 죽음으로 이어지고 있다.

오늘날 지구적 생태 위기와 인도주의적 위기에 대한 해법을 찾아내는 일은 대단히 중대한 의미를 지닌다. 그 해법은 인문학으로부터 영감과 자극을 받아서, 새로운 과학적 접근법과 테크놀로지, 새로운 정치와 윤리의 출현과 함께 탄생하게 될 것이다. 또한 그토록 많은 이에게 고통을 야기하고 있는 계급 간, 인종 간, 성별 간 차별이라는 현실의 변화와 함께 출현하게 될 것이다. 지구 자체야 어떤 형태로든 존속하겠지만, 아마 크게 변모된 상태로 존속할 것이다. 우리가 알고 있는 모습 그대로의 인류와 자연을 구원할 변화를 만들어 내는 것. 이 과업은 오늘을 살아가는 우리 모두의 의무이다.

우리는 모두 지구에 온 방문객들이다.

감사의 말

이 책 『인류세의 인문학』을 채우고 있는 것들에 아이디어와 이야기를 보태주신 많은 분께 감사드린다. 특히 이전 작업인 「녹아내리는 빙하: 기후변화와 인문학」(『합류Confluence』(2009)에 실린 논문이고, 그 일부는 여기에서도 다루고 있다)을 함께 썼던 동료 제니퍼 웰스에게 감사드린다. 마찬가지로 UC(캘리포니아대学校) 버클리의 동료들인 캐럴린 핀니, 로버트 해스, 앨라스테어 아일즈, 레이철 모렐로-프로시, 게리슨 스포지토, 킴벌리 톨베어, 데이비드 위니코프의 조언에 감사드린다. UC 버클리 학생 말리 피로흐타, 레이철 롬바르도는 2018년 가을 UC 버클리, 자연자원 단과대, 대학생 연구 프로젝트 후원(SPUR)을 받아 이 책의 원고 작성, 허가 취득과 관련하여 귀중한 도움을 주었다.

UC 버클리의 타운센드 인문학 센터Townsend Center for the Humanities 에서 받은 상 덕에, 2016년 봄 학기 강좌 '인류세 시대의 자연의 운명'이 무리 없이 진행될 수 있었다. 여섯 명의 강사진, 열두 명의 대학원생은 무수한 책과 논문을 읽었고, 매주 만나 인류세 개념과 인류세가 자연환경과 인류에 끼친 충격에 관해 열띤 토론을 벌였다. 또 2017년 가을 학기에는 UC 버클리의 퓨처스 그랜트Futures Grant, 스탠퍼드대학교 행동과학 고등 연구소CASBS 펠로십이 나의 연구를 지원해 주었다. 2017년 수업에 참여해 통찰력 있고 영감을 주는 이야기를 함께 나눴던 모든 분, 책과 논문을 구하는 데 도움을 주셨고 읽고 생각하고 쓸 근사한 장소를 제공해 준 CASBS의 모든 분에게 고마움을 전한다.

　이 책은 내가 예전에 썼던 책들, 특히 『자연의 죽음The Death of Nature』(1980년 초판, 1990년 2판, 2020년 3판)에 나오는 아이디어들에 의존하며, 그것들을 종합한다. 『자연의 죽음』에서 나는, 지구가 양육하는 어머니로 인식되던 16세기 르네상스 시대의 유기적이고 살아 있는 세계가, 물질은 불활성의 죽은 존재로 인식되고 신은 엔지니어·수학자·시계 제작자로 인식되는 17세기의 기계론적 세계로 이행하는 과정을 논한 바 있다. 지금 내놓는 이 책에서 나는, '기후변화'로 이어지는 대기권 내 온실가스 축적을 가능하게 한 인류세(1784년 제임스 와트가 증기기관을 발명한 이후 현재까지의 기간)에서의 '자연의 두 번째 죽음'을 언급한다. 또한 이전에 나온 나의 다른 책들 속의 아이디어들을 이 책에 통합하는 동시에, 우리가 미래를, 지속가능성의 새 시대를 바라보며 나아가는 데 도움이 될 새로운 아이디어들과 역사적으로 이미

나온 개념들을 한자리에 불러낸다.

내 동료들이며 나의 옛 제자들인 케네스 워시, 엘리자베스 앨리슨, 휘트니 A. 바우먼은 내 작품을 다룬 책을 한 권 상재했는데『자연의 죽음 이후: 캐럴린 머천트와 인간-지구 관계의 미래After the Death of Nature: Carolyn Merchant and the Future of Human-Earth Relations』(Routlege, 2019)가 그것이다. 나로서는 너무나 큰 영광이며 무한하게 고마울 따름이다. 이 책 속에 수록된 내가 쓴「후기」의 일부를 사용하도록 허락해 준 점에 대해 저자들과 출판사에 감사드린다. 마찬가지로 이 책을 검토해 준 에드워드 메릴로, 메리 에블린 터커 그리고 한 익명의 검토자의 값진 조언에 고맙다는 인사를 전한다. 아울러 이 책의 출간을 준비하는 과정에서 값진 도움을 준 예일대학교 출판부 편집자 진 톰슨 블랙과 그녀를 돕고 있는 마이클 디닌, 제작 편집자 제프리 샤이어, 색인을 담당한 프레드 카메니에게도 특별히 감사드린다.

무엇보다도 이 책을 연구하고 집필하는 동안 자극을 주는 이야기와 생각을 나누어 주었고 정신적인 지지도 아끼지 않았던 남편 찰스 셀러스에게 고맙다는 말을 전한다.

프롤로그
기후변화와 인류세

기후변화는 21세기 인류의 장기적인 번영을 위한 가장 중요한 사안이다. 오늘날 과학자들은 인류에서 기원한 또는 인간이 가하고 있는 압력이 기후변화를 악화시키고 있다는 점에, 그리고 기후변화 효과에 대응하는 다양한 전략이 가능하다는 점에 선선히 동의하고 있다. 그러나 지구온난화의 함의나 이 사안에 대한 가능한 해법에 미국인들이 친숙하게 만들려면, 과학자들만이 아니라 인문학자들의 협력이 긴요하다. 과학의 영역을 넘어서 인간이 어떻게 기후변화를 유발했는지 알아봐야 하며, 이 복잡하고 어려운 분야에 인문학이 어떻게 개입할 수 있고 또 개입해야 하는지 공부해야 한다.

인류세

2000년 발표한 획기적인 한 쪽짜리 문서 「인류세The Anthropocene」

에서, 파울 크뤼천Paul Crutzen과 유진 스토머Eugene Stoermer는 인류세(인류의 시대라는 뜻)라는 개념을 소개하며 이를 곧바로 기후변화 인간 유발론과 연결했다. 독일에 소재한 막스 플랑크 화학 연구소Max Planck Institute for Chemistry 소속 네덜란드 대기 화학자 크뤼천은 1995년 오존층에 관한 연구로 노벨화학상을 수상한 인물이다. 미시간대학교의 생물학과 교수인 스토머는 1980년대 초 처음으로 '인류세'라는 용어를 고안하고 사용했으며, 이 용어는 지구에 대해 인간이 가한 충격을 의미하기 위해 고안된 단어였다. 하지만 이 용어가 사람들의 시선을 사로잡은 건 2000년 이들이 공동으로 쓴 문서가 발표되면서였다. 그 후 인류세가 여러 분야에 가지는 함의를 이야기하는 수많은 책과 논문들이 모습을 드러낸다.[1]

인류세가 실제로 시작된 시점은 언제일까? 크뤼천과 스토머는 이렇게 썼다. "'인류세'가 시작된 구체적인 날짜를 지정한다는 건 어쩐지 독단적인 행동처럼 보이지만, 우리는 18세기 후반이라는 시점을 제안하고자 한다. (…) 이러한 시작점은 제임스 와트가 증기기관을 발명한 연도인 1784년과 일치한다."[2] 크뤼천과 스토머가 1780년대를 강조했다는 사실은 대단히 중요하다. 바로 이 시기에 증기기관 내부에서 화석연료를 연소하는 방식이 개발되었으며, 그 이후에 나온 증기 보트나 기차 같은 발명품들을, 그리고 증기를 동력원으로 하는 여러 산업이

그림 I.1.과 그림 I.2. 파울 크뤼천(1933년 출생, 왼쪽)과 유진 스토머(1934-2012, 오른쪽)

가능해졌고 그렇게 됨으로써 대기권에 배출된 온실가스의 양이 대폭 증가했기 때문이다. 크뤼천과 스토머에 따르면 인류세를 특징짓는 건 화석연료 연소가 초래한 온실가스 양의 심각한 증가였는데, 이 사태는 18세기 후반에 시작되었다. 그리고 이 시기는 "빙하 핵심부에서 추적해 낸 자료에 따르면, 일부 '온실가스', 특히 이산화탄소(CO_2)와 메탄(CH_4)의 대기 내 축적량이 증가하기 시작한"[3] 시기였다.

인류세는 우리의 미래에 어떤 함의를 던질까? 크뤼천과 스토머가 지적했듯, "앞으로 한두 세대 안에 인류는 수억 년 넘는 세월에 걸쳐 생성된 화석연료를 고갈시킬 것이다". 미래를 위해 지구를 보전하는 과업에서 가장 중요한 숙제는, 대중과 함께 과학자들과 엔지니어들이 "지속가능한 지구 자원 관리"[4] 전략을 마련하는 일일 것이다.

크뤼천과 스토머에 따르면 인류세는 홀로세(충적세)Holocene, 즉 지금부터 1만~1만 2000년 전에 시작된 포스트 빙하기 이후의 시기이다. 홀로세 시대에 인간의 활동은 처음으로 지구에 유의미한 힘으로 변모한다. 홀로세가 시작되던 시기 세계에는 약 500만 명의 사람들이 살고 있었다. 홀로세는 온화했던 간빙기로 알려져 있는데, 상대적으로 안정된 기후의 시대였고 그 덕택에 사람들은 세계 도처에서 정착 생활을 시작하고, 그 결과로 밀, 오트, 보리, 쌀, 사탕수수, 옥수수, 콩, 호박 같은 작물을 재배하는 농업을 발전시킬 수 있었다. 식물 재배와 함께, 소, 돼지, 양, 염소, 말 같은 동물의 가축화 작업도 진행되었다(그림 I.3).

그 후 1세기 무렵부터 지금까지, 세계 인구 증가세가 속도를 내기 시작했다. 1세기에 2억이던 세계 인구는 1650년에는 5억으로 증가했고, 1850년엔 10억, 1930년엔 20억, 1999년엔 60억으로 증가했으며, 2024년경이면 80억에 이를 것으로 예상되고 있다. 지구의 (표면) 온도는 1880년에서 2010년 사이에 점차 상승했다. 지구 평균 온도는 1940년 이전엔 1940년의 섭씨 0도보다 더 낮았고, 1940년부터 지금까지는 더 높아졌다(그림 I.4). 20세기 동안 지구의 평균 지표면 온도는

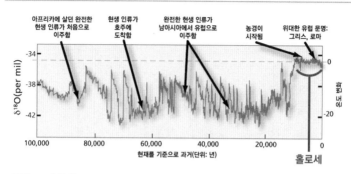

그림 I.3. 홀로세

섭씨 13.7도 또는 화씨 56.7도였다. 지표면 온도 상승분이 섭씨 2도
(화씨 3.6도)가 넘지 않도록 하려면(즉 다가오는 수십 년 동안 삶을 지속시켜
줄 온도를 유지하려면) 온실가스 배출량의 대폭적 감소, 그리고 산림, 초
지, 습지, 농지의 대폭적 증가가 요구된다.[5]

지구에 남긴 '인간의 발자국human footprints'은 몇몇 그래프를 통해
설명 가능한데, 이 그래프 모두가 기하급수적인 증가세를 보여주고 있
다(그림 I.5). 1750년과 2000년 사이 이산화탄소 농도는 약 50ppm
parts per million에서 360ppm으로 증가했다. 19세기 후반 세계에는 사
실상 댐이 거의 없었지만, 2000년 무렵이 되면 세계 댐의 수는 2만
5000개로 늘어난다. 인간이 초래한 생물 멸종의 경우, 수백 년간 그런
일이 있었다고 기록되고는 있지만, 멸종의 속도가 빨라져 20세기 후

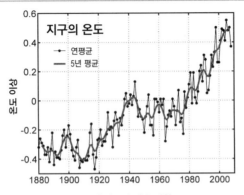

그림 I.4. 1880~2010년 지구의 기온 변화

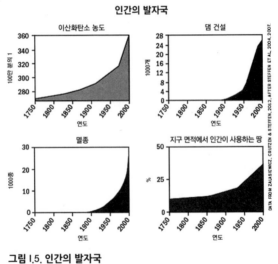

그림 I.5. 인간의 발자국

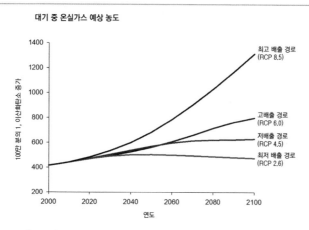

대기 중 온실가스 예상 농도

그림 I.6. 미국 환경보호국이 예상한 대기권 내 온실가스 농도, 2000~2100

반 무렵에는 멸종된 종이 약 3만 종에 이르렀다(그리고 이러한 추세는 6차 대멸종으로 이어질 것으로 전망되고 있다). 한편 인간에 의해 사용되는 대지 면적의 경우 1900년 지구 표면의 약 10%에서 그 후의 25% 이상으로 증가했다.[6] 이러한 추세는 인류와 지구의 미래에 무엇을 의미할까? 2017년 1월 미국 환경보호국EPA에서 제시한 자료는 2000년에서 2100년까지 대기권 내 온실가스의 농도가 증가할 것임을 보여주고 있다. 2100년 '최고 배출 경로'에 따르면, 이산화탄소 배출량은 약 1300ppm이다. '고배출 경로'는 약 800ppm의 배출량을, '저배출 경로'는 약 600ppm을 각기 예측하고 있고, '최저 배출 경로'에 따르면

약 2040년경 약 450ppm에서 정점을 찍은 후 2100년경 400ppm 약
간 위쪽 수준에 이를 때까지 계속해서 배출량은 하락한다(그림 1.6).
'350.org'라는 단체가 설립된 건 2007년이었는데, 대기권 내 이산화탄
소 농도를 400ppm에서 350ppm으로 감축하는 정책을 마련하라고
국가를 압박하기 위함이었다. 350ppm은 지구상에서 생명을 지속하
기 위한 안전 상한선으로 제시된 수치이다.[7]

기후변화의 역사

지구온난화라는 개념(당시 이것이 기후변화로 알려진 것은 아니었다)을
처음 제시한 사람은 스웨덴 과학자 스반테 아레니우스Svante Arrhenius
였다. 아레니우스는 1896년 「대기권 내의 탄산이 지구 표면의 온도에
미치는 영향에 관하여」라는 제목의 문서에서 이 개념을 처음으로 사
용했다. 아레니우스는 지구 대기권에 이산화탄소를 지속적으로 배출
하는 행동이 지구 온도 상승이라는 결과로 이어질 수 있다고 주장했
다. 만일 대기권 내 이산화탄소의 양이 두 배로 상승한다면 지구 표면
온도는 5% 상승할 수 있다는 주장이었다.[8]

하지만 훗날 '온실가스 효과'라고 알려지게 되는 이 현상에 관한 그
의 경고를 진지하게 들었던 사람은 없었다. 이 주제는 사람들에게 거

**그림 I.7. 스반테 아레니우스
(1859~1927)**

의 알려지지 않았고 과학자들로부터 곧바로 인정받지도 못했다. 1940
년대와 1950년대 등장한 새로운 연구들은 바다가 이산화탄소를 흡수
할 수 있고 그로써 기후변화의 충격을 완화할 수 있으며, 심지어는
지구에 기온 하강의 추세가 나타날 수도 있다고 지적하는 듯했다. 국
제 지각권-생물권 프로그램IGBP의 데이터는 인간이 유발한 지구 시스
템 변형의 '거대한 가속화great acceleration' 현상이 1950년대에 출현했
음을 보여주고 있다.

1980년대에 이르러서야 비로소 과학자들은 지구의 기온이 1980년
대 이래 심각한 수준으로 상승했다는 사실에 합의하기 시작했다. 지구
온난화는 '온실가스 효과'라고 이름 붙었는데 이산화탄소(CO_2), 메탄
(CH_4), 아산화질소(N_2O), 수소불화탄소hydrofluorocarbon(HFCs), 과불화

탄소perfluorocarbons(PFCs) 육불화황sulfur hexafluoride(SF_6), 그리고 다른 '온실가스들'의 증가 때문이었다.[9]

IGBP는 1987년에 설립되었는데 지구의 생물·화학·물리 과정들, 그리고 이 과정들이 (지구 표면에 대한) 인간의 사회적·경제적 실천들과 주고받는 상호작용에 관한 연구를 취합하고 관리하려는 목적을 띠고 있었다. 이 기구의 목표는 온실가스 감축 방안을 제공하도록 지원하고, 그럼으로써 지구가 존속될 수 있도록 하는 것이다.[10]

1988년 60개국 출신 2500명의 과학자를 구성원으로 하는 기후변화에 관한 정부 간 협의체IPCC가 유엔환경계획UNEP에 의해 설립된다. 1992년부터 2014년까지 IPCC 소속 과학자들은 계속해서 업데이트된 평가 보고서를 발표해 왔다. 1998년에 제정되어 2001년에 체결된 교토의정서에는 약 186개국이 가입했는데, 2012년까지 1990년 탄소 배출량 수준에서 약 5%를 감축하는 것이 목표였다(다음 참조). 2014년 5차 평가 보고서에서 IPCC는 1950년 이래 관측된 지구온난화의 가장 유력한 원인은 인간의 영향이었으며, 4차 보고서 이후 이 가능성의 신뢰도가 증가했다고 밝혔다. 보고서에 따르면 우리가 배출한 온실가스의 양을 감축하는 데 시간이 오래 걸릴수록 우리는 더 많은 비용을 지불해야 한다. 6차 보고서는 2022년에 발표될 예정이다.[11]

그러나 2018년 10월 8일 IPCC가 발표한 보고서는 훨씬 더 불길해

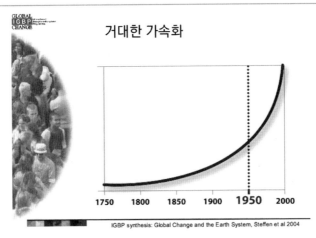

그림 I.8. IGBP에서 발표한 '거대한 가속화' 자료

서, 극단적인 위험의 시기를 2030년으로 잡고 있다. 즉 "2030년까지 온실가스 배출량을 감축하기 위한 '전례 없는' 노력을 하지 않는 한, 지구는 기후변화의 파괴적인 결과들(극심한 가뭄, 식량 부족, 치명적인 홍수)로 이어진 궤도에 오르고 말 것이다". 이 보고서는 또 이렇게 경고하고 있다. "우리의 지구를 구하기 위해서 우리는 '신속하고, 다수의 삶을 바꾸며, 전례가 없는, 전 사회적 변화'를 꾀해야만 한다."[12] 이러한 다급한 미래 예측을 염두에 둘 때 정보를 널리 확산하고 미래의 인류에게 닥칠 일들을 확실히 알리는 작업에 인문학은 어떤 도움을 줄 수 있을까?

기후변화와 인문학

기후변화에 관한 과학적 논란과 논쟁은 인문학 쪽에서 이 문제에 개입할 가능성을 열어놓았다. 윤리학자, 작가, 시인, 예술가, 신학자 등 인문주의자들은 지구적 기후변화와 그것이 여러 인종, 계급, 젠더에 미칠 영향에 관한 사회적 담론에 적극 참여하고 있다. 이들은 다음과 같은 질문을 제기하고 있다. 자연이란 무엇인가, 지구온난화 시대에 인간으로 살아간다는 것은 어떤 의미인가, 향후 인류는 어떤 식으로 기술을 사용해 새로운 세상에 적응하게 될까? 과학자도, 인문주의자도, 미래를 위해 가능한 선택지들을 밝혀내는 기후변화 논쟁에 얼마든지 참여할 수 있다.

환경 저술가 빌 맥키벤Bill McKibben은 1989년의 저서『자연의 종말 The End of Nature』에서 북극의 대기권을 포함하여 지구 안의 그 어떤 지역도 인간의 오염이라는 손길에서 자유롭지 않다고 주장했다. 제1의 자연(진화되어 온, 인간 이전부터 있던 자연)은 인간과 제2의 자연(또는 상품화된 자연)이라는 인공물에 의해 완전히 흡수되고 말았다는 것이다.[13] 지구온난화는 자연, 자연-문화라는 거미줄web, 그에 따라 나타난 기술적 변형을 거친 자연techno-nature에 관한 새롭고 다면적인 이해를 요청하고 있다.

다음 다섯 가지의 서로 겹치는 주제들은 기후변화에 관한 인문학 담론이 무엇인지 알려준다. 기후변화와 예술, 기후변화와 문학, 기후변화와 종교, 기후변화와 철학, 그리고 기후변화와 윤리/정의正義. 과학자, 역사학자, 예술가, 작가, 철학자, 신학자들이 저마다 의미 있고 중요한 기여를 하고 있다. 환경 인문학을 위한 이론적 프레임 그리고 새로운 윤리/정의 이론은 도무지 풀기 어려운 거대 규모의 환경 문제에 적용될 수 있을 것이다.

2000년 발표된 「지구 헌장The Earth Charter」에는 이렇게 쓰여 있다. "지금 우리는 지구 역사상 엄청나게 중요한 순간에 와 있다. 인류 스스로 자신의 미래를 선택해야만 하는 순간 말이다. (…) 여러 문화권, 여러 생명체가 화려한 다양성을 자랑하고 있지만 우리는 공동의 운명을 지닌 단일한 인류 가족이고 단일한 지구 공동체이다. (…) 우리, 지구에 소속된 사람들이 서로에 대한, 더 큰 생명의 공동체에 대한, 그리고 미래 세대들에 대한 우리 자신의 책임을 선언하는 것은 너무나도 다급한 우리의 의무이다."[14]

대체로 기후변화에 관한 인문학 담론상의 서로 겹치는 주제들은 개인들이 각자의 딜레마를 해결하고, 각자의 윤리적 대응책을 마련하는데 도움을 줄 것이다. 동시에 각 정부의 통치 기구들은 (이 인문학 담론들에 힘입어) 인류와 지구의 미래를 위해 기후변화에 대응하는 정치적 대응책을 수립하기 시작할 것이다.

기후변화와 정치

온실가스 배출량 수준을 감축하기 위해 세계적으로 그리고 지역적으로 어떤 노력들이 있었던가? 1997년 일본 교토에서 개최된 지구온난화에 관한 회의의 결과로, 2012년까지 세계 온실가스 배출량을 1990년 배출량의 95% 수준으로 감축하겠다는 목표를 정한 교통 의정서가 작성되었다. 2001년 브뤼셀에서 개정된 이 의정서는 2005년 30개의 산업화된 국가들이 비준했는데, 미국과 오스트레일리아는 개발도상국들이 감축 목표에 참여하지 않는 한 참여할 수 없다며 가입을 거부했다. 그러나 미국 내 캘리포니아주의 행동은 달랐다. 캘리포니아 주정부는 2020년까지 온실가스 배출량을 1990년 수준으로 감축한다는 목표를 규정한 지구온난화 해소 법안(AB32)을 2006년에 통과시키며, 이 문제에 관한 한 선도적 역할을 자임해 왔다. 2007년 9월 당시 캘리포니아 주지사였던 아널드 슈워제네거Arnold Schwarzenegger는 지구적 기후변화에 대응하는 대응 행동의 긴급성에 관해 UN에서 연설하기도 했다. 그 후 제리 브라운Jerry Brown 주지사는 기후변화에 대응하는 전 세계적 차원의 협력을 도출해 내는 책임을 자임했는가 하면, 지구온난화를 저지하기 위한 캘리포니아의 실천에 전 세계가 주목하도록 했다.[15]

대응 행동을 하지 않을 경우 기후변화가 얼마나 심각한 문제를 일으킬지에 대해 과학적으로는 이미 합의가 잘되어 있다. 하지만 지구온난화를 어떻게 완화할 것이냐, 얼마나 완화할 것이냐라는 사안은 여전히 논의 대상이다. 최근 나타난 지구온난화의 현상으로는, 세계 산호초의 절반이 변색되었고(1998년), 세계 많은 지역에서 지독한 가뭄과 홍수가 나타났으며(1995년~2018년), (2019년까지 보았을 때) 2016년이 역사상 가장 뜨거웠던 한 해였다는 사실이 있다. 더욱이 대부분의 기후과학자들이 예측했던 것보다 훨씬 더 나빠 보이는 몇몇 사건이 일어나기도 했다. 빙하가 녹는 속도를 현저히 증가시키는 여러 가지의 '피드백 효과feedback effects'가 원인이었다. 2017년 7월 룩셈부르크 면적만 한 빙산이 남극 빙붕에서 분리되었다. 이야기에나 나오던, 북극을 관통하는 북서항로가 머지않아 현실이 될 것으로 보인다. 극지방 인근 국가들은 녹게 될 빙하 아래쪽의 석유 매장지에 대한 권리를 두고 다투고 있다. 그리고 2018년 말 연구자들은 3년간의 소강상태 후 세계 온실가스 배출량이 다시 증가하기 시작했다는 연구 결과를 내놓았다.[16]

오늘날 우리가 알고 있는 상태의 지구를 보전하려면, 재생가능 에너지원으로의 전환을 통해 이산화탄소 배출량을 감축하고, 숲과 논밭을 조성하며 지하 탄소 포집 같은 기술을 사용함으로써 최대한 탄소를 대기권에서 제거하는 과업이 긴요하다. 감축되지 않을 경우, 대기권의 탄소는 향후 수천 년간 지구에 영향을 미치게 될 것이다. 화석연료 연소 과정에서 매일 배출되는 이산화탄소의 약 3분의 1은 해양에 흡수되지만, 이것이 흡수되는 과정은 해양의 산성도를 계속해서 높일 뿐 아니라 산호와 갑각류 동물의 성장도 억제한다. 더 많은 양의 탄소가 제거되는 방식은, 암석 형성 같은 훨씬 더 느린 과정을 거쳐야 한다.

이산화탄소를 대기권에서 제거하는 인공적 방법과 기술들이 무수히 제시되었다. 산림을 보존하고 조성하여 이산화탄소를 눈에 안 보이게 하는 방법은 필수이다. 이 방법 외에도, 탄소 공학 기술들에는 대기권에서 직접 탄소를 흡수(포집)하는, 평원과 사막에 설치된 대형 구조물, 탄소 흡수 기능을 갖춘 화학 물질의 활용, 탄소 정화와 액화, 탄소 포집·매장 기술, 자연 풍화를 가속화하는 매질의 개발 등이 있다. 관건은 실제로 가능한 변화의 속도와 규모에 관한 것이다. 우리를 지속가능성의 시대Age of Sustainability로 옮겨줄 즉각적이고 현격한 변화가 없는 한, 인류세는 수백 년간 계속될지도 모른다.[17]

많은 이들이 지구온난화 대응을 '우리 시대의 화급한 도덕적 의무'로 여기고 있다. 2006년 여름 앨 고어Al Gore의 다큐멘터리 〈불편한 진실An Inconvenient Truth〉이 개봉되면서 이 문제에 관한 대중의 관심이 치솟았고, 2007년엔 고어와 IPCC가 노벨평화상을 수상한다. 앨 고어는 이 사안의 성격을 "인류 모두에게 도덕적이고 정신적인 의미에서 도전이 되는 과제"라고 규정했다. 2016년 미국 성인의 절반 가까이는 기후변화가 인간의 활동에서 기인한다는 점을 인정했고, 40개국의 대다수 국민이 지구온난화를 매우 심각한 문제라는 의견을 표시했다. 현재 대학 캠퍼스 내 환경 프로그램과 강좌들에는 자기의 미래 그리고 자기 아이들과 손자들의 미래를 위한 기후변화 해법은 무엇인지, 관련 이슈는 무엇인지 궁금해하는 학생들로 붐비고 있다.[18]

　지구온난화 대응 시나리오에는 기존 관행을 지속하는 것부터 지구온난화의 결과가 불가역적인 것이 되기 전에 당장 과감한 조치를 실행하는 것까지 여러 갈래가 있다. 비외른 롬보르Björn Lomborg 같은 회의론자들은 온실가스 배출을 제약하는 것은 비효율적인 데다 과도한 비용이 든다고 주장한다. 한편 테드 노르드하우스Ted Nordhous와 마이클 셸렌버거Michael Shellenberger는 미국인들에게 변화를 받아들이라고 설득한다는 것은 정치적으로 실현 불가능하다고 주장한다.[19] 그러나 예일대학교의 기후학자 앤서니 레이세로위즈Anthony Leiserowitz가 조사한 사람들 가운데 67%는 "새 차를 구매하는 데 최대 500달러가 더 소요되더라도 자동차 제조업체들에게 자동차, 트럭, SUV의 연비를 갤런당 35마일로 높이라고 요구"한다는 방안을 강력하게 지지했다. 64%는 "신축되는 주택이나 주거용·상업용 건물이 높은 에너지 효율 기준을 충족하도록 요구"한다는 방안을 지지했고, 55%는 "비록 평균적인 가정이 연간 100달러를 추가 비용으로 지불하더라도 전력 회사들에게 풍력이나 태양광, 다른 재생가능 에너지원으로 최소 20%의 전력을 생산하도록 요구"한다는 방안을 강하게 지지했다. 또 42%는 2050년까지 국내 이산화탄소 배출량을 90%까지 감축하도록 미국 정부에 요구하는 국제 조약을 적극 지지했다.[20]

인류세의 대안 개념

2000년 크뤼천과 스토머의 글이 발표된 이후, '인류세Anthropocene' 라는 용어의 의미에 관한 질문들이 제기되면서 격렬한 논쟁이 일었다. 이런 질문들이 제기되었다. 인류세란 정확히 무엇이고, 어떤 용어로 지칭되는 게 좋은가? 실제로 인류세는 언제 시작되었는가? 미래와 관련하여 이 용어는 무엇을 의미하는가? '엔트로포스Anthropos, ἄνθρωπος' 는 그리스어로 인간을 뜻한다. 같은 뜻의 라틴어는 '호모homo'이다. 호모 사피엔스Homo Sapiens는 약 20만 년 전 아프리카에서 출현한 현생 인류를 의미하는, 사람과 동물hominids의 한 속genus이다. 인류세란 인간의 시대, 더 적절하게는 인류의 시대를 뜻한다.

역사학자들은 저마다 인류세가 시발된 시점을 인류사의 다른 지점들에서 찾았다. 예컨대 마지막 빙하기 말기 대형 포유류가 멸종한 시점, 농업이 시작된 시점, 산업혁명 이전, 18세기의 어느 시점 (크뤼천과 스토머가 제안), 19세기 산업자본주의가 부상한 시점(자본세), 제2차 세계대전 이후 핵이 등장한 시점, 또는 1950년대의 '거대한 가속화'가 시작된 시점 등이었다. 예를 들어 만일 인류세라는 용어가 기본적으로 지구에 대한 인간의 영향을 지시하는 것이라면, 약 5만 년 전 경관의 파괴와 함께 진행된 대형 포유류 사냥이 그 시초로 생각될 수 있을 것이다. 또 다른 출발점은 고고학자 윌리엄 루디만William Ruddiman이 제안한 것인데, 루디만에 따르면 인류세는 BPBefore Present 8000년경 정착 농업용으로 숲을 개간하는 행위에서 시작되었다. 이 시나리오에서 옥수수, 콩, 호박, 밀, 호밀, 쌀 같은 곡물의 재배로 인한 농업의 확산, 야생 동물(소, 돼지, 말, 염소, 양)의 가축화와 소비, 유럽의 세균이 아메리카 토착원주민들에게 미친 영향은 모두 알프레드 크로스비 Alfred Crosby의 『콜럼버스적 교환The Columbian Exchange』(1973년)과 재러드 다이아몬드Jared Diamond의 『총, 균, 쇠Guns, Germs, and Steel』 (1997)에 생동감 넘치는 표현으로 묘사되어 있다. 그러나 내가 보기에 (크뤼천과 스토머가 원래 제안한 대로) 인류세는 18세기 후반에 시작된다. 화석연료 연소로 인한 온실가스 배출이 기후변화라는 결과를 야기하며 대기를 변형하기 시작한 시점 말이다.[21]

인류세가 시발한 시점으로 제안된 또 다른 역사적 지점이 있다. 다름 아닌 1950년대라는 시기이다. 2002년 파울 크뤼천과 공저자 윌 스테펜Will Steffen, 존 맥닐John McNeill은 인류세의 중차대한 두 번째 단계가 제2차 세계대전 이후 온실가스 축적의 '거대한 가속화'가 일어난 시기라고 주장했다. 이 가속화는 핵무기의 위협과 더불어 한층 강화되었는데, 지구와 그 대기권의 대대적 변형 그리고 인류세가 초래한, 인류를 비롯한 모든 생명체에 대한 위험의 완벽한 표현물이었다. 2012년 막스 플랑크 연구소를 방문한 크뤼천은 이렇게 말했다. "나는 핵폭발이, 즉 원자력 물질의 실험이라는 사건이 여러 신호 가운데 하나이지만 가장 강력한 신호라고 생각하기 시작했다. (…) 이제 나는 핵실험을 인류세의 진정한 시작점으로 선언하는 데 더 찬성하는 편이다." 이 같은 생각은 「핵무기 낙진이 인류세의 시작을 뜻할 수 있는가?」라는 제목으로 2015년 발표된 《원자 과학자 게시판Bulletin of the Atomic Scientists》의 논문에서도 제안되었다.[22]

인간의 행동이 비인간 세계를 변형한 시대를 지칭하기 위해 학자들은 새로운 명칭을 고안해 냈는데, 다음과 같은 것들이다. 유전동질세(호모제노센Homogenocene), 플랜테이션세(플랜테이셔노센Plantationocene), 쏠루세(쏠루센Chthulucene), 여성세(지노센Gynocene), 그리고 자본세(캐피탈로센Capitalocene).[23] 이 개념들은 다 무엇이고 서로 어떻게 다를까? 서로 조화를 이룰 수 있는 걸까?

유전동질세(호모제노센)라는 용어는 찰스 만Charles Mann이 1999년에 소개한 것으로, 그는 2011년 출간한 저서 『1493: 콜럼버스가 문을 연 호모제노센 세상1493: Uncovering the World That Columbus Created』에서 이 개념을 소상히 설명하고 있다. 이 용어는 점점 증대하는 생물들의 동질화를 지적한다. 인간과 다른 침략적인 성격을 보이는 생물종들이 세계의 지역들을 점점 더 많이 점령함에 따라 일어난 일이다. 이 용어의 기원은 그리스어 'homo(동일한)', 'geno(종류)', 'kainos(새로운)', 'cene(시대/세)'이다. 1607년 버지니아주 제임스타운 식민지는, 찰스 만이 묘사한 바대로, 북아메리카 내 유전동질세의 출현을 대변했다. 찰스 만은 이렇게 쓰고 있다. 제임스타운은 "지구적으로 발생한 생태적 대화재, 그 불길의 작은 한 부분이었다".[24]

그러나 또 다른 용어 플랜테이션세(플랜테이셔노센)는 16세기 이후 지금까지 계속되고 있는, 신세계 식민지 지역의 대규모 플랜테이션들 내 노동자계급 착취와 노예 노동을 의미한다. 이러한 행태는 지금까지도 채소, 육류, 유제품 생산을 위한 단작單作 농업, 산업형 농업, 농업용 공장의 형태로 계속되고 있다. 이러한 산업화된 농업의 여러 형태는 생물다양성을 감소시킨다. 도나 해러웨이Donna Haraway는 쑬루세(쑬루센)라는 용어를 창안했는데, 이것은 촉수觸手를 닮은 사유tentacular thinking를 의미한다. 그녀는 이 명칭을 "피모아 크툴루Pimoa cthulhu라

프롤로그: 기후변화와 인류세

그림 I.9. 도나 해러웨이(1944년 출생)

는 어느 거미"에서 따온다. 이 거미는 "우리 집이 있는 노스 센트럴 캘리포니아 인근 소노마Sonoma, 멘도치노Mendocino 카운티 내 미국삼 나무 숲속 그루터기들 아래에서 살아가는 거미"이다. 그물, 네트워크, 친족됨kinship은 쑬루세를 이해하는 열쇠 개념들이다. 쑬루세 시대의 '친족 만들기Making kin'란 인류세에 인간이 만든 폐기물을 모으는 것, 그리고 그것을 찢고, 빻고, 쌓아서 현재와 미래의 지구를 위해 새로운 형태의 퇴비로 만들어내는 것을 뜻한다.[25]

아직 살펴보지 않은 용어도 있다. 잘 발전된 것은 아니지만, 여성세 (지노센)라는 용어가 그것이다(이 말의 반대말은 '가부장세Patriarchalocene' 이다). 가부장세라는 시대에 발생한 환경 상태 악화의 원인은 여성과 지구에 대한 가부장적 지배이다. 이러한 흐름은 페미니즘, 에코페미니즘의 행동(여성세) 그리고 생태적 다양성과 젠더·인간의 다양성을 회복하는 데 도움이 되는 선주민들의 운동으로 뒤바뀔 수 있다.[26] 인류세에 대한 대안 개념어들 가운데 가장 중요한 개념어 중 하나는 자본세로서, 아래에서 논의한다.

인간이 유발한 지구의 심대한 변형을 지시하려는 이 모든 개념과 시발점은 전부 크뤼천과 스토머가 쓴 한 쪽 분량의 글에서 영감을 받은 것들이다. 이 글은 이번 새천년이 시작된 해에 발표된 것으로, 이 해는 21세기에 인류가 마주하고 있는 운명을 세계인들이 알아채기 시작한 해이기도 하다.

역사의 기후

2009년 학술지 《비판적 탐구Critical Inquiry》에 게재된 논문 「역사의 기후: 네 가지 명제」에서 디페시 차크라바티Dipesh Chakrabarty(당시 시카고대학교 교수, 이후 프린스턴대학교 고등연구소 교수)는 인류세에서 일종의 지질학적 힘이 된 인간과 관련한 몇 가지 문제점을 소상히 논하고 있다. 차크라바티는 인간이 어떤 식으로 비인간 세계에 영향을 미치는지, 지구 시스템과 상호작용 하는 과정에서 어떤 식으로 인간 자신이 변형되는지를 분석했다. 이 과정에서 그는 기후변화와 인류사의 관계에 관련하여 네 가지 명제를 정리해 발표했다.[27]

그 첫 번째 명제는 자연사와 인류사 간 구별이 붕괴했다는 것이다. 과거의 역사 해석은 인간 세계가 우선적인 조명의 대상이고, 그 외의 환경과 자연은 수동적 배경이라는 가정을 디디고 있었다. 그러나 1970년대에 들어와 역사학의 모든 분야에서 환경사가 등장했고, 이런 흐름에 발맞추어 학자들은 자연을 뒤바꿀 수 있는 행위자인 인간의 역할에 점점 더 큰 관심을 기울여 왔다. 인류세 시대에 인간은, 기후의 변형이 지구에서 공룡들을 박멸했던 것과 비슷한 방식으로 지구의 미래를 변화시키고 있는 행위자이다.

차크라바티의 두 번째 명제는 인류가 새로운 지질학적 힘이 되면서, 근대성의 역사와 세계화의 역사 자체의 성격이 변하고 있다는 것이다. 예를 들어 인간의 자유와 평등을 찬미했던 18세기에 관한 이론들은 이제는 목재에서 석탄으로의 에너지원 변화를 계몽주의 역사에 포괄되는 것으로 고려해야만 한다. 이와 같이 인간을 지질학적 힘으로 보는 인류세에 대한 새로운 강조는, 인간의 자유라는 생각 자체를 뒤흔들 수 있다. 인간은 계속해서 억압으로부터 해방될 것인가, 아니면 인간의 새로운 집은 "기본적인 행복과 존엄성"마저 위태롭게 하는 식량·에너지 위기를 겪는 행성, "슬럼의 행성"이 되고 말 것인가?[28]

**그림 I.10. 디페시 차크라바티
(1948년 출생)**

　세 번째 명제는 자본의 세계사가 인간 생물종의 역사와 대화하는 가운데 전개되었다는 생각과 관련된 것이다. 여기서 중요한 점은 자본주의의 확장과 세계화라는 개념이 인류가 지구를 변형하는 힘이 되고 만 과정 일체를 적절히 설명하지는 못한다는 점이다. '깊은 역사'로서의 역사를 좀 더 거시적으로 톺아보면, 지난 수천 년간 인류가 어떤 식으로 지구를 변모시켰는지 그 전모가 선명히 드러날 것이다. 인간을 지구의 지배적 힘으로 만들어 냈던 동력인 인간의 지적 능력과 창조적 능력이 자본주의나 사회주의로 환원될 수는 없다. 지금 우리는 지구상의 생명을 위협하는 기술들, 이를테면 화석연료 연소 같은 기술들을 사용하고 있다. 하지만 호모 사피엔스라는 인간 종의 역사는 자본주의

41

의 역사와 통합되어야만 하는데, 19세기의 산업화 과정은 자본 투자분과 값싼 노동력이 없었다면 진행될 수 없었을 것이기 때문이다.

차크라바티의 네 번째 명제는 인간의 앎의 한계를 규명하는 방법들에 관한 것이다. 인류사와 자연사라는 두 역사가 자연환경과 상호작용하는 인간의 역사라는 단일 역사로 통합되었으므로, 이제 우리에게는 지질학적 주체인 우리 자신에 대한 새로운 해석이 필요하다. 따라서 이 위기는 자본주의만의 위기로 환원될 수 없다. 기후변화가 의도적으로 발생한 것은 아닐지 모르지만, 하나의 생물종으로서 우리가 기후변화를 만들어 냈다는 사실은 인정해야만 한다.

자본주의와 자본세

인류세라는 용어와 경쟁하는 또 다른 강력한 용어는 바로 자본세 Capitalocene이다. 나오미 클라인Naomi Klein은 2014년에 출간한 『이것이 모든 것을 바꾼다: 자본주의 대 기후This Changes Everything: Capitalism vs. the Climate』와 2015년에 발표한 글 「인류세를 위한 급진적 가이드」에서 인간이나 인간 본성이 아니라 자본주의가 바로 범인이라고 주장했다. 기후변화로 인해 가장 크게 생계에 타격을 받았던 지역들은 인종적인 불의를 경험했던 곳이다. 그 지역들은 정말이지 인간 '희생

그림 I.11. 나오미 클라인(1970년 출생)

그림 I.12. 이언 앵거스
(1945년 출생)

지대'이다. 나오미 클라인은 미국인들이 에티오피아인들보다(그들이 할 수 있는 것보다) 500배 더 많은 에너지를 소비하며 산다고 지적한다. 미국 내 빈곤에 허덕이는 지역 또한 불평등이 만연한 곳들이다. 미래의 지구가 살 만한 곳이 되도록 비착취적인 방식으로 자연을 사용하는 새로운 길을 찾아내야 하며, 풀뿌리 운동을 통해 그것을 활성화해야 한다는 것이다.[29]

자본주의를 비난하는 또 다른 논평가인 캐나다인 저술가 이언 앵거스Ian Angus는 자신을 사회주의자로 규정한다. 앵거스는 사회주의 역사 프로젝트인 『기후와 자본주의』의 편집자이기도 하며, 『기후변화 위기에 맞서기─생태사회주의적 관점』(2008), 『기후 정의를 위한 전 세계적 투쟁』(2009) 그리고 『인류세에 맞서기─자본주의와 지구 시스템의 위기』(2014)를 집필했다. 2015년 앵거스는 "인류세의 과학은 인류 전체를 비난 대상에 넣을까?"라는 질문을 제기했다. 그는 부유한 국가들이 1751년 이래 배출된 이산화탄소 배출 총량의 80%에 책임이 있는 반면, 최빈국들은 전체 배출량의 1% 미만에 책임이 있다고 지적한다. 그는 IGBP가 업데이트한 그래프가 세계적 불평등을 적나라하게 보여준다고 주장한다. 기후변화는 신맬서스주의자들이 주장하듯 인구 증가의 직접적인 결과가 아니라 자본주의가 초래한 문제라는 것이다.[30]

선주민들의 관점은 자연을 변형하는 자본주의의 운동에 맞서는 중대한 대안을 제공한다. 이 관점에 따르면, 사람들은 자연 세계의 착취자여서는 안 되며, 오히려 자연 세계와 합일해야 한다. 선주민들은 미래 윤리와 행동의 사례를 제공할지도 모른다. 리우데자네이루연방대학교의 에두아르두 비베이루스 드 까스뜨루Eduardo Viveiros de Castro는 이러한 접근법을 옹호한다. 그는 「관점 교환하기」라는 논문에서 토착 원주민의 문화들이 어떤 식으로 자연과 관련을 맺었고 또 자연에 영향을 미쳤는지 보여주고 있다. 그가 보기에, 대부분의 아메리칸인디언 문화들은 인간과 인간 외 동물 사이에 차별을 두지 않았는데, 그는 이러한 존재론을 '다관점주의 애니미즘perspectivist animism'이라고 부르고 있다. 이 존재론에서는 인간의 특징과 비인간 동물의 특징이 하나로 통합되는데, 그렇기에 인간은 비인간 존재자들과 그다지 다르지 않다. 시간이 흐름에 따라 동물들은 그들이 지닌 인간적 성격을 상실하게 된다. 하지만 실제로 그들은 동물의 꼴로 위장한 인간들이다. 다른 동물들이 살아가고 인지하는 세계는 우리의 인간 세계와는 다르다. 오직 샤먼만이 두 세계 사이에 존재하는 틈을 잇고, 그 세계 사이에서 소통할 수 있다는 것이다.[31] 자본주의와 인류세가 자연에 가하는 압력에 맞서 싸우는 과정에서, 세계 도처의 선주민들의 관점들은 매우 중요할지도 모른다. 인류세의 맥락에서 이러한 관점들을 더 소상히 연구하는 작업이 필요하다.

자본주의가 주범이라는 주장, '자본세'야말로 '인류세'라는 용어에 대항하는 주요 대항마라는 주장을 심도 있게 제시한 이는 뉴욕 빙햄턴

그림 I.13. 에두아르두 비베이루스 드 가스뜨루(1951년 출생)

대학교의 제이슨 무어Jason W. Moor이다. 무어는 여러 논문과 2016년에 나온 책 『인류세인가 자본세인가?Anthropocene or Capitalocene?』에서 인류세와 자본세 사이의 긴장 관계에 대해 통찰력 있게 논했다. "우리는 인류세가 아니라 자본세에 살고 있"다는 것이 그의 주장이었다. 더욱이 이 새로운 시대는 1874년 증기기관과 더불어서가 아니라 1450년 자본주의 문명의 부상, 세계 정복과 더불어 권력과 지식과 자본이 결합하는 가운데 시작되었다는 것이다. '장기 16세기'가 이어지는 동안 유럽인들에 의해 수행된 신대륙 탐험과 세계 정복은 역사상 최초의 유럽 헤게모니를 확립했고, 이후 세계 전체에서 전산업적 자본주의

**그림 I.14. 제이슨 무어
(1971년 출생)**

preindustrial capitalism를 확립했다는 것이다. 그렇다면 해결책은 무엇일까? "석탄 발전소를 폐쇄하고 지구온난화의 속도를 늦추는 것. 하지만 석탄 발전소를 만들어 낸 사회적 관계를 폐쇄하고 지구온난화를 영원히 끝장내는 것"이다.[32]

상이한 접근법들 사이의 간극

인류세에 관한 이러한 상이한 접근법들의 간극을 어떻게 이해하고 극복할 수 있을까? 인류세라는 용어에 담긴 용어 '인류anthropos'의 한 가지 중요한 면모는, 이 용어가 지시하는 인류 집단이 지구상의 모든 사람을 뜻한다는 것이다. 모든 인종·민족·피부색의 사람들, 부자와 빈자, 남성과 여성, 그 모든 이들 말이다. 모든 인간은 생각하고 배우는 능력, 말하고 쓰는 능력, 귀를 기울이고 청취하는 능력을 갖추고 있다. 이러한 능력들은 모든 사람이 논리나 수학을 통해 진리를 발견해 낼 수 있고 기술을 통해 기계를 제작해 낼 수 있다는 것을 의미한다. 따라서 어디에 있든 사람들은 과학과 기술을 통해 자연을 통제할 수 있고, 성별·성적 취향·인종·민족과 무관하게 과학과 수학을 이용하며 기계와 디지털 기기를 만들어 낼 수 있다. 생각할 수 있는 능력 덕분에 전 세계의 소외된 모든 이는 과학과 기술을 알아가는 능력을 갖추고 있다. 그러나 이러한 능력들조차 격차가 존재하며, 교육받을 기회에서도 거대한 차이가 존재한다. 교육은 사람들이 환경 문제를 이해하고 기후변화 문제 해결 과정에 참여하는 데 중차대한 요소이다.

다른 한편으로 자본세라는 용어에 반영되어 있기도 하지만, 자본주의는 사람 간의 사회경제적 관계를 만들어 내고 이윤과 권력, 불평등과 억압을 주조해 낸다. 기업과 공장의 소유주들은 테크놀로지를 가동하고, 노동자를 고용하고, 임금을 지불하고, 사업으로 인해 생산되는 이윤을 거둬들인다. 위험은 언제나 창업한 이들에게 있어서, 일부는 성공하고 일부는 파산한다. 국가마다 성공한 기업체의 비율은 상이하고, 기업체의 특성에 따라 필요로 하는 천연자원의 양과 저임금 노동자의 수는 많거나 적다.

이렇게 하여 '인류'로서 인간들은 오늘날의 온실가스, 지구온난화, 빙하 용융, 해수면 상승을 초래한 과학과 기술을 창조해 냈다. 그러나 여러 상이한 국가들 내의 상이한 사회적·경제적 투입력(자본가로서의 인간들)은 상이한 결과를 빚어냈다. 어떤 국가는 이익을 얻고 부국이 되는가 하면, 다른 국가들은 착취당하고 가난해진다. 어떤 국가는 온실가스를 더 많이 배출하여 다른 국가들보다 지구온난화를 더 많이 유발한다. 세계 각지의 온실가스 배출량은 균일하지 않다.

앞서 말한 논의에 기초하여, 인류세 개념이 자본세 개념을 포괄한 다고 주장할 수도 있을 것이다. 하지만 그럼에도 인류세는 자본세에 의해 실행된다. 성적 취향·젠더·인종·민족과 무관하게 모든 인간은 과학과 수학을 이용하고 기계와 디지털 기기를 제작할 수 있는 브레인 파워를 소유하고 있고(비록 그 능력과 교육에서 격차는 크지만), 미래를 더 나은 것으로 개선하는 데 도움이 되는 기술 역시 그러하다. 15세기 말 유럽에서 시작된 식민지 확장은 산업자본주의를 위한 기본 조건을 만들어 냈다. 증기의 힘(기술)과 열역학법칙(과학)의 발견은 산업자본주 의의 확장에 필요한 조건이었다. 증기기관 관련 기술은 제조업 산물의 도시로의 이동을 뒷받침했고, 자본과 노동력을 단단히 묶어 기업 속에 통합시켰다. 이런 식으로 자본세는 자본과 노동 간 사회경제적 관계를 성립시켰고, 이것 덕분에 인류세적 성격의Anthropocenic 발견들 그리고 인류가 유발한 것들이 세계 도처로 전파될 수 있었다. 자본가들의 이윤의 기초는 값싼 자연(화석연료)과 값싼 노동력(노예인, 이민자, 빈자)이었다.

이 모든 것들이 일어나는 과정은 변증법적이다. 자연과 인류는 상호 작용적 관계, 과정 지향적인process-oriented 관계의 형태로 존재한다. 자연과 인류 모두 역동성을 지닌 존재이고 서로 상대방의 모양을 빚어내므로, 자연⇔인류라고 해야 맞을 것이다. 역사는 단순한 인과관계가 아닌, 주고받는 과정give-and-take processes에 기반을 두고 흘러간다. 마찬가지로, 실현 가능하며 바람직한 미래를 성취하는 과업은 진척과 퇴보가 반복되는 과정일 것이어서, 어떤 때는 진보가 우세하다가 다른 시간에는 둔화나 퇴보가 우세할 것이다.

인류가 하나의 집단으로서 자연 전체를 지배할 수 있었던 것은 17세기 과학 혁명기에 발전된 기계 과학(수학과 실험) 때문이었다. 그리고 탄광 관련 설비와 증기기관 같은 테크놀로지를 통해서였다. 하지만 자본주의의 세계 팽창을 가능하게 했던 노동력(인종/젠더)과 화석 자본(석탄, 석유, 가스)을 자본가들이 통제하게 된 것은 자본주의와 자본주의적 생산 관계가 있었기 때문이었다.

화석연료의 연소로 말미암아 온실가스가 대기를 가득 채우기 시작했다. 그 결과물인 연기와 증기는 인간이 지구를 지배하는 상징이 되었다. 이 사태를 경고하는 목소리, 이 사태에 대한 이중적인 감정이, 연기가 인간과 자연에 자아내는 효과에 관한 예술과 문학으로 표현되었다. 예술의 이미지들과 문학적 서술들이 밝히고 있듯, 그리고 다음 장들에서 서술하고 있듯, 이 효과는 세계의 여러 사람과 장소에서 고르게 나타나지 않았고, 지금도 여전히 그러하다.

종합

앞서 이야기한 아이디어들을 다음 다섯 가지 새로운 용어를 사용하며 그리고 그 용어들이 나타내는 아이디어들에 기대어 종합해 볼 수 있겠다(표 0.1을 보라). 이 다섯 가지 개념은 18세기 후반 인류세가 출현함에 따라 발생했던 역사적·과학적·기술적·정치적 사건들을, 아울러 인류세가 19세기와 20세기와 미래에 초래한 결과들을 분석하기 위한 도구들이다. 비서구 문화권들을, 그리고 아시아, 아프리카, 오스트레일리아, 중남미, 북극, 남극 같은 지역에서 인류세의 기원과 의미를 더 구체적으로 조명하는 다른 연구도 가능할 것이다.[33]

표 0.1

이름	기능
인류 Anthropos	두뇌, 과학, 테크놀로지, 발명품, 해결책, 모델링
자본 Capitalos	권력, 경제적 사회적 조직, 자본 + 값싼 노동
정치 Politicos	정책, 정치, 민주주의, 협상, 토론
자연 Natura	생물, 무생물, 생태적 관계들
변증법 Dialectica	과정, 상호작용, 인간과 자연

1장
역사

    이 장에서 나는 18세기 계몽주의 시대부터 21세기 중반까지의 역사적 기간, 즉 파울 크뤼천과 유진 스토머가 '인류세'라고 명명한 시기를 탐구하려 한다.[1] 이들의 주장에 따르면, 1784년 제임스 와트James Watt의 증기기관이 도입되면서부터 인류는 지구의 기후를 극적인 수준으로 변화시키기 시작했다. 이 시기에는 또한 지금 우리가 경험 중인 '자연의 두 번째 죽음'에서 그 정점을 찍은, 전면적 규모의 산업자본주의 사회가 도입되었다.[2] 이것은 곧 디지털 기계 수리공, 데이터 분석가 그리고 최고의 환경 조작가로서 인간이라는 생물종 자체가 자기 자신의 멸종을 위한 예비적 여건을 만들어 냈을 가능성을 의미한다. 인류세 시대의 잠재적 재앙을 상쇄할 수 있을 새로운 과학과 기술, 그리고 새로운 이야기와 윤리와 세계관이 우리에게 필요한 것은 아닐까? 단연코 필요하다는 것이 나의 결론이다. 그런 논의를 하기에 앞서, 우리는 어떤 역사를 거쳐 지금의 상황에 이르게 됐을까? 우리는 어떻게 이

상황에서 벗어날 수 있을까?

인류세의 출현

인류세는 18세기 후반부터 시작된 새로운 지질학적·생태학적 시대라는 개념이다. 이러한 시대를 자아낸 과학 기술의 발전은 무엇이었을까? 16~17세기, 이른바 과학혁명Scientific Revolution에 이어 나타난 계몽주의 시대는 거대한 낙관주의의 시대였다. 아이작 뉴턴 경Sir Issac Newton의 『자연철학의 수학적 원리Philosophiae Naturalis Principia Mathematica』(1687)에서 뻗어 나온 과학의 여러 발전은, 인간에게는 자연을 이해하고 통제할 수 있는 능력이 있다는 신념을 빚어낸다. 장 자크 루소Jean-JAcques Rousseau, 애덤 스미스Adam Smith, 볼테르Voltaire, 데이비드 흄David Hume, 이마누엘 칸트Immanuel Kant 그리고 다른 계몽사상가philosophes의 사상들이 등장해 과학의 이해, 종교의 자유, 정치적 독립, 만인의 평등을 증진하고 고취했다. 그에 따라 세계에 관한 지식을 새롭게 편찬한 저작물들이 출현했다. 루소의 『인간 불평등 기원론 Discourse on Inequality』(1754)과 『사회계약론The Social Contract』 (1762), 애덤 스미스의 『국부론Wealth of Nations』(1776), 드니 디드로Denis Diderot와 장 달랑베르Jean d'Alembert의 『백과전서Encyclopédie』 (1751~1772)

같은 책들이었다. 대학, 살롱, 언론은 자연 세계와 그것을 응용하는 새로운 지식을 토론하고 또 널리 퍼뜨렸다.[3]

우리의 논의에서 특히 중요한 것은 어마어마한 양의 화석연료의 연소, 이산화탄소와 다른 온실가스의 배출 그리고 궁극적으로는 인류세라는 결과를 빚어낸 과학적 발견들이다. 1754년 조지프 블랙Joseph Black은 석회석(탄산칼슘calcium carbonate)을 가열한 후 산acids으로 처리하면, 그가 '고정된 공기'(CO_2)라고 불렀던 가스를 생산할 수 있다는 사실을 발견해 낸다. 이 물질이 불꽃이나 생명 자체를 지속시키지는 못했을 것이다. 차후 그는 이 고정된 공기가 동물에 의해서도 생산된다는 사실을 입증했다. 1762년 그는 잠열latent heat이라는 개념을 도입했는데, 물 같은 물질은 전체가 증발하기 전까지는 동일한 온도를 유지한다는 생각으로, 증기기관의 작동에 핵심적 중요성을 지니는 사실이다.[4] 한편 1778년 앙투안 라부아지에Antoine Lavoisier는 '산소'라는 용어를 창안했는데, 그가 보기에 이것은 "기체 가운데 호흡하기에 가장 알맞은 부분"이었다. 또 라부아지에는 산소가 연소combustion에 도움이 된다는 사실을 발견해 낸다.[5] 하지만 인류세에 관한 우리의 논의에서 가장 중요한 것은 제임스 와트가 발명한 증기기관이 화석연료를 온실가스로 바꾸는 메커니즘이었다.

제임스 와트의 증기기관

  인간(또는 동물)의 노동력이 아닌 다른 힘으로 물체를 옮긴다는 과제
는 꽤 오래된 문제이다. 지렛대lever, 도르래pulley, 바퀴, 경사면, 쐐기
wedge는 고대 그리스 시대에 쓰이던 다섯 개의 간단한 기계 장치였다.
이 장치들은 힘을 최대로 높이는 역할을 했지만, 이 장치들에 동력을
제공한 것은 어디까지나 인간이나 동물의 노동력이었다. 중세 시대에
는 물방앗간이 낙수 형태로 중력을 활용해 물체를 움직였고, 풍차도
움직이는 공기를 활용해 비슷한 작업을 수행했다.

  1712년경 데니스 파팽Denis Papin, 토머스 세이버리Thomas Savery 등
이 했던 작업의 기반 위에서 토머스 뉴커먼Thomas Newcomen(1664~
1729)이 증기기관을 발명해 낸다. 화로에 나무나 석탄을 넣고 태우면
보일러 안의 물이 수증기로 바뀌고, 그 수증기가 팽창하며 실린더 내
부의 피스톤을 위로 밀어 올리게 된다. 그런 후 찬물을 써서 수증기를
응축하면 (증기) 피스톤 상부에 진공이 생기고, 외부의 공기압이 이것
을 아래로 밀어내는 동시에 로커 암rocker arm을 위로 당기게 된다. 그
러면 피스톤의 상승과 하강 운동이 로커 암을 움직이게 할 수 있는데,
로커 암은 인간이나 동물의 노동력 없이 어떤 물체를 밀거나 당기거나
올리거나 내릴 수 있었다.[6]

  뉴커먼 엔진은 출시되자마자 영국 전역에서 사용되었고 생산성을

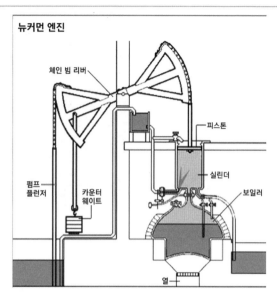

그림 1.1. 뉴커먼 엔진

크게 향상시켰다. 이 엔진은 특히 탄광에서 물을 퍼내는 용도로 사용
되었다. 그런데 문제가 하나 있었다. 찬물을 주입해 수증기를 냉각시
키고 진공을 만들어 낼 때 실린더도 함께 냉각된다는 문제였다. 따라
서 실린더를 재가열해서 다음번 피스톤 운동을 위해 더 많은 수증기가
만들어지도록 해야만 했다. 이것은 곧 (실린더 재가열을 위해) 연료가 낭
비됨을 의미했다.

1769년 제임스 와트는 글래스고대학교에서 뉴커먼 엔진을 구현한

그림 1.2. 제임스 와트(1736~1819). 윌리엄 비치 경의 뒤를 이어 존 파트리지가 완성, 1806

소형 모델을 연구하며 그 효율성을 향상하기 시작했다. 그는 집에서 어머니로부터 교육받았는데, 할아버지를 닮아서 곧바로 수학과 엔지니어링 설계에서 탁월한 재능을 드러냈다. 악기 제작을 공부한 후 그는 글래스고대학교에서 악기 수집이라는 직무를 담당하게 되었다.

글래스고에서 와트는 뉴커먼 엔진을 구현한 모델을 연구하면서 중요한 점을 발견해 낸다. 응축이 일어나게 하는 외부 장치를 추가하기만 하면, 같은 실린더를 가열하고 냉각하기를 반복하면서 연료를 낭비하지 않아도 된다는 점이었다. 보일러에서 만들어진 수증기는 피스톤이 있는 실린더 안쪽으로 팽창된다. 그러면 그 팽창한 수증기가 피스톤 상단을 아래쪽으로 민다. 그런 다음 찬물로 채워진 별도의 응축기

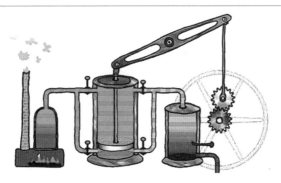

그림 1.3. 제임스 와트의 증기기관

가 피스톤 위쪽의 수증기 쪽으로 물을 분사하면, 이로써 공기압이 낮아지면서 피스톤은 위로 올라가게 된다. 피스톤의 위쪽과 아래쪽 모두에 마개를 씌울 경우, 수증기와 낮은 공기압이 번갈아 자기 일을 해서 효율성을 엄청나게 높인다.

1784년 와트와 그의 동료 매슈 볼튼Matthew Boulton은 더블 액팅 증기기관의 설계도에 대한 특허를 취득했는데, 이 설계도는 이후 영국 전역에서 증기기관을 제작하는 데 사용된다. 머지않은 시점에 이 증기기관은 석탄을 위로 끌어 올리는 탄광 현장 밖에서도 적용되어서, 증기로 움직이는 섬유 공장, 증기보트steamboats, 증기기관차steam trains가 개발되었다.[7]

증기기관과 열역학 제2법칙

19세기 중반 물리학자 사디 카르노Sadi Carnot, 베누아 폴 에밀 클라페롱Benoît Paul Émile Clapeyron, 루돌프 클라우시우스Rudolf Clausius는 와트의 증기기관에서 얻는 기계적 작업량을 향상한다는 어려운 숙제를 해결한다. 이 과정에서 이들은 열 손실이 없는 완벽한 엔진(기관)은 결코 있을 수 없다는 사실을 발견한다. 1850년대 열역학 제2법칙의 기초가 되었던 발견이었다.

사디 카르노는 수학자이자 프랑스 혁명군 지도자 라자레 카르노Lazare Carnot의 뛰어난 아들이었는데, 라자레 카르노는 아들인 사디와 다른 아들인 히폴리테Hippolyte에게 수학, 물리학, 음악과 여러 언어를 직접 가르쳤다.[8] 사디는 갓 16세에 파리 에콜 폴리테크니크Paris École Polytechnique에 입학했고 18세에 이 학교를 졸업한다. 1819년까지는 프랑스 공병대에서 복무했는데 이 무렵 사디는 휴가를 보내며 제임스 와트의 증기기관을 어떻게 향상할지 생각하기 시작한다. 엔진 안으로 들어가는 열 전부를 유용한 작업으로 변환할 방법이, 어떤 엔진의 효율성을 100%로 만들 방법이 없을까? 그는 자문했다. 당시 가장 정교했던 증기기관의 효율은 고작 3%에 불과했다. 이상적인 증기기관은 어떤 모양이어야 하고 어떤 방식으로 작동해야 할까?

1824년 28세의 나이에 사디 카르노는 『불의 원동력에 관한 성찰

그림 1.4. 사디 카르노
(1769~1832)

Reflections on the Motive Power of Fire』이라는 소책자를 출판한다. 이 책에서 카르노는 증기기관의 효율성은 오직 실린더와 콘덴서 내 두 개의 열 저장소들의 온도에 의해 결정된다는 사실을 밝혀냈다. 또 이상적 증기기관이란 마찰이 없는 것, 사용된 액체와는 무관한 것이라는 점도 보여주었다.[9] 웅변적인 산문 스타일로 그는 이렇게 시작하고 있다.

열이 운동을 유발할 수 있다는 건 누구나 알고 있다. 증기기관이 모든 곳에 잘 알려진 요즘 시대에, 열이 엄청난 원동력을 지니고 있다는 점을 의심할 자는 없다.

열기를 가하면 또한 지구상에서 일어나는 거대한 운동의 시작을 기대할 수 있다. 열은 대기상 기체의 요동을, 구름의 상승을, 비와 유성의 하강을, 지구 표면을 흐르는 물의 흐름을 유발하는데, 인간은 지금까지 열 가운데 아주 적은 부분만을 활용해 왔을 뿐이다. 심지어 지진과 화산 폭발도 열의 결과물이다. (…)

이 방대한 저수지에서 우리는 우리의 목적에 필요한 원동력을 끌어낼 수 있을 것이다. 자연은 우리에게 사방팔방에 불에 연소될 수 있는 물질들을 제공했는데, 자연은 또한 우리에게 언제나 어디서나 열을, 열의 결과물인 추진력을 생산할 힘을 제공했다. 이러한 힘을 개발하는 것, 그것을 우리의 용도에 맞게 사용하는 것, 바로 그것이 열 엔진의 목표이다.

열 엔진에 관한 연구는 이 시대의 가장 큰 관심사이고, 열 엔진의 중요성은 실로 엄청나다. 열 엔진 사용량은 줄곧 커지고 있고, 아마도 이 엔진은 문명화된 세계에서 거대한 혁명을 일으킬 운명이 아닐까 싶다.[10]

사디 카르노는 자기 책의 제목을 『불의 원동력에 관한 성찰』이라고 지었다. 하지만 그가 '원동력motive power'이라는 말로 지시하고자 한 건 무엇일까? 또 그가 말한 '불'이란 무엇일까? 여기서 '원동력'은 피스톤의 상하 운동으로 이룩되는 작업량(즉, 얼마간의 거리를 두고 작용하는 힘)을 의미한다. 카르노가 말한 '불'은 증기기관의 열원, 즉 화로 안에서 불에 탄 목재나 석탄을 지칭한다. 카르노는 당시 널리 만연했던 믿음, 즉 열은 곧 '칼로리caloric'라는 물질이라는 믿음의 틀 안에 갇혀 연구했다. 그러나 훗날 열은 칼로리가 아닌 분자의 운동이라는 점이 밝혀진다.[11]

카르노는 나중에 '카르노 사이클'이라고 명명된 사이클을(이 용어가 처음 사용된 것은 1887년이다) 개발했다.[12] 카르노가 보기에 이상적 증기기관은 실린더, 피스톤, 물 같은 물질(즉, 증기로 변환 가능한 물질), 열원(목재나 석탄) 그리고 싱크sink(또는 냉각된 증기를 저장하는 장소)로 구성된다. 카르노 사이클은 기체가 보일러에서 발생한 열을 흡수하면서 팽창한 다음, 차가운 물에 의해 강제로 냉각되면서 응축하는 과정을 지시한다. 증기기관이 생산할 수 있는 '원동력'의 양 또는 작업의 양이 증기기관의 효율성을 좌우했다. 카르노는 이 효율성의 정도가 피스톤의 팽창과 압축 과정에 사용되는 특정 기체가 아니라 두 온도 간의 차이에 의해서만 결정된다는 사실을 밝혀냈다.[13]

카르노는 1832년 콜레라로 사망한다. 그리고 '불의 원동력'에 관한 카르노의 책은 그가 살아 있는 동안 사실상 거의 주목을 받지 못한다. 그러나 놀랍게도, 이 책은 카르노가 사망한 지 2년 후 부활해서는 개정된다. 카르노와 마찬가지로 파리의 에콜 폴리테크니크에서 공부했

그림 1.5. 에밀 클라페롱
(1799~1864)

던 에밀 클라페롱의 업적이었다. 클라페롱은 자신만의 증기기관을 설계하고는 시간이 지나 그 설계도를 영국에 가져온다. 효율성이 높은 모델을 생산해 낼 제작자를 만나기 위함이었다. 1834년 클라페롱은 첫 회고록을 집필했는데, 카르노가 작업한 책 제목과 유사한 『열의 원동력에 관한 회고』라는 제목을 붙였다. 하지만 클라페롱도 카르노처럼 열이 일종의 칼로리라는 이론의 틀 안에서 작업했다. 책의 도입부에 그는 카르노가 한 연구의 중요성을 언급했고, 카르노의 이론을 수학 용어로 다시 정리하는 것이 중요하다고 강조했다.[14]

열(칼로리)이 '원동력'(작업)을 생산할 수 있고 반대로 '원동력'이 열을 생산할 수 있다는 사실이 알려진 건 오래되었다고 말하며, 클라페롱은 논의를 시작한다. 증기기관의 경우, 작업을 생산하는 과정에서 (내부) 연소를 통해서(즉, 화로에서 석탄을 연소함으로써) 발생하는 열은 언제나, 더 낮은 온도의 응축기에서 수집되는 열과 함께 발생한다. "특정한 양의 칼로리는 특정한 온도의 한 물체에서 더 낮은 온도의 다른 물체로 언제나 전달된다." 달리 말해, 모든 열이 작업으로 전환되는 것은 아니라는 사실은 알려져 있었지만, 열과 온도 같은 값을 정량화하고 작업의 양을 예측할 수 있도록 그 사실을 수학적으로 입증할 필요가 있었다.[15]

그리하여 클라페롱은 고온의 용기(보일러)에서 저온의 용기(콘덴서)로 전달되는 열(칼로리)량 변화로 인해 발생하는 기계적 힘(또는 카르노 사이클)을 사다리꼴 형상으로 그려낸다. 이 열량의 변화는, 카르노가 보여준 것처럼, 사용된 기체나 증기와는 무관한 현상이었다. 클라페롱은 이렇게 결론 내렸다. "하나의 물체에서, 더 낮은 온도로 유지된, 다른 물체로 전달되는 칼로리는 일정량의 기계 운동을 생산할 수 있다." 그리고 그는 미분 방정식들을 두루 사용해서, 고온의 증기가 저온 상태로 변화하며 기계적 작업을 생산해 낼 때 어떤 수학적 관계가 성립하는지 정리해 냈다.[16]

1960년 영국 맨체스터대학교 교수로 재직했던 에릭 멘도자Eric

Mendoza(1919~2007)는 카르노, 클라페롱, 클라우시우스의 논문을 세상에 소개하며 재발행했는데, 클라페롱이 열역학thermodynamics 제2법칙의 명료화에 기여했을 뿐 아니라 훗날 열역학 제1법칙으로 정립된 내용 또한 분명히 진술했다고 주장한다. 클라페롱이 이렇게 썼다는 것이다. "기계 운동의 양과 뜨거운 한 물체에서 차가운 다른 물체로 전달 가능한 열의 양, 이 둘은 같은 성질을 지닌 양이며 전자를 후자로 대체하는 것이 가능하다. 기계학에서 적용되는 방식과 동일한 방식으로, 특정 높이에서 떨어질 수 있는 하나의 물체a body 그리고 특정 속도로 이동하는 하나의 물질a mass은, 각각이 물리적 방법을 통해서 다른 쪽으로 변형 가능한 동일한 질서를 지닌 양(의 구현물)이다."[17] 이처럼 클라페롱은 나중에 열역학 제1법칙과, 제2법칙이 될 개념들을 발전시켰다. 열이 곧 실체라는 칼로리 이론의 틀 안에 여전히 갇혀 있었음에도 그랬다.

그리고 1850년에는 루돌프 클라우시우스라는 이름의 28세 과학자가 「열의 동력motive force에 대하여, 그리고 열 이론을 위해 그 운동력으로부터 추론할 수 있는 법칙에 대하여」라는 논문 한 편을 들고 등장한다. 출중한 수학자임을 이 논문으로 증명했던 클라우시우스는 현재 폴란드 영토에서 태어나 아버지가 교사로 재직하던 학교에서 수학했다. 그는 베를린대학교에 진학해서 수학, 물리학, 역사를 공부한 후

그림 1.6. 루돌프 클라우시우스
(1822~1888)

1847년 독일 할레대학교에서 박사 학위를 취득한다. 그후 클라우시우스는 교수로 활동하며 베를린, 취리히, 본에서 학생들을 가르쳤다.

클라우시우스의 「열의 동력에 대하여」는 독일 학술지 포그겐도르프Poggendorff의 《물리학 연보Annalender Physik》에 게재되었다. 이 논문에서 클라우시우스는 칼로리라는 용어를 버리고 클라페롱의 열 개념을 사용했다. 그는 카르노가 썼던 글의 첫 부분만 정확하다고 지적했다. 즉, "열에 의한 작업량과 똑같은 것은 오직 고온의 물체에서 저온의 물체로의 열 전달에서만 확인된다"라는 부분 말이다. 그리고 클라우시우스는 훗날 열역학 제2법칙으로(그렇게 부르지는 않았지만) 알려지는 법칙을 언급한다. 즉, "열에 의해 작업이 이루어지는 경우엔, 고온의 물체에서 저온의 물체로 열의 전달이 언제나 발생한다. 그리고 그 가운데 작업을 수행하는 물질은, 작동이 끝나는 시점에 작동이 시작한 시점과 동일한 상태에 있다는 조건도 충족된다".[18]

1856년 클라우시우스는 두 번째 논문인 「기계적 열 이론상의 제2 근본 정리의 변형된 형태에 대하여」를 발표한다. 여기서 그는 열역학 제2법칙으로 정리되는 것을 이렇게 다시 언급한다. "열은 저온 상태의 물체에서 고온 상태의 물체로, 동시에 발생하는 어떤 다른 변화(그 물체들과 연결돼 있는 변화)를 겪지 않고는 결코 지나갈 수 없다." 달리 말해서 차가운 물체에서 뜨거운 물체로 열이 전달되려면, 작업이 꼭 이루어져야만 한다는 것이다.[19]

1865년 클라우시우스는 또 다른 논문인 「기계적인 열 이론과 증기 기관에의 응용에 대하여」를 발표했는데, 이 논문에서 그는 작업 수행에 쓰일 수 있는 에너지의 손실분을 지시하는 '엔트로피entrophy'라는 용어를 창안해 낸다. 또 클라우시우스는 동력motive force이라는 용어 대신 에너지energy라는 용어를 사용한다. 그는 또한 "기계적 열 이론의 2대 근본 정리"를 명기하고 있다. 그것은 "① 우주의 에너지는 일정하다 ② 우주의 엔트로피는 최대치를 향해 가는 경향이 있다"라는 내용이었다.[20] 다시 말해 주변으로부터 격리된, 폐쇄된 시스템system(계) 안에서, 작업(공간에서 물체를 이동시키는 활동)에 쓰일 수 있는 에너지는 언제나 감소하고 있다. 작업에 쓰일 수 없는 에너지인 엔트로피는 언제나 증가하고 있다. 실제로 증기기관은 열이 들어오지 못하게 하거나 전체 구조물 안에서 열이 빠져나가지 못하게 하는 일정한 용기 안에서, 외부 환경과 격리되어 있어야만 한다. 즉, 증기기관은 하나의 폐쇄되고 고립된 시스템인 것이다.[21] 훗날 다른 이들은 이를 다음과 같이 정리했다.

열 엔진 사례는 열역학 제2법칙이 적용될 수 있는 여러 방식 가운데 하나를 보여준다. 이 사례를 일반화하는 한 가지 방법은 열 엔진과 열 저장장치를 일종의 고립된(또는 폐쇄된) 시스템, 즉 열이나 작업을 그 외부 환경과 교환하지 않는 시스템의 일부로 생각하는 것이다. 예컨대 열 엔진과 저장장치는 단열된 벽이 있는 딱딱한 용기 안에서 제 역할을 할 수 있다. 이 경우 열역학 제2법칙(이 경우에는 단순화된 형태의 법칙)은 용기 내부에서 어떤 과정이 발생하든, 그 엔트로피는 증가해야만 한다고 또는 가역적인 과정 reversible process이라는 한계 안에서 동일하게 유지되어야 한다고 말한다.[22]

열역학이라는 과학 분야

열역학이라는 명칭이 생겨나고 독자적 분야로서 발전되었던 건, 1850년대 초반 윌리엄 톰슨William Thomson(켈빈 경)과 윌리엄 랭킨 William Rankine의 연구를 통해서였다. 윌리엄 톰슨은 제임스 와트처럼 켈빈 강변에 자리를 잡은 글래스고대학교에서 많은 연구를 수행했다. 열역학 분야에서의 발견 덕에 윌리엄 톰슨은 1892년 켈빈 남작Baron Kelvin이라는 작위를 수여받았고, 이후 과학자로는 최초로 영국 상원 the House of Lords에서 활동하며 켈빈 경Lord Kelvin이 된다. 이른바 '절대 온도 눈금(0° Kelvin 또는 절대 0에서 시작함. 켈빈은 이 속에서 가능한 최저 온도가 -273.15℃[또는 -459.67°F]라고 말했다)'은 바로 그의 이름을 딴 것이다.[23]

1851년 켈빈은 「열에 관한 동적 이론에 대하여」를 썼는데, (클라우시우스가 그랬듯) 여기서 그는 칼로리라는 용어를 포기하고 '열은 물질 입자의 운동'이라는 새로운 아이디어를 지지한다. "열은 물질이 아니라 동적 형태의 기계적 효과"라는 점을 생각해 볼 때, "원인과 결과 사이가 그러하듯, 기계적 작업과 열 사이에 일종의 동등 가치equivalence가 있어야 한다는 점을 우리는 인지"하게 된다고 썼다. 켈빈은 이어서 "열은 물질이 아니라 운동의 한 상태"라고 했다. 그는 다소 이채로운 용어를 사용하여 열역학 제2법칙을 언급하기도 한다. "살아 있지 않은 물

그림 1.7. 윌리엄 톰슨 (켈빈 경)
(1824~1907)

질을 활용하여 주변 물체 가운데 가장 차가운 물체의 온도 이하로 어떤 한 물질을 냉각시킴으로써, 그 물질에서 기계적 작업 효과를 얻어내는 것은 불가능하다."[24]

켈빈이 1851년에 발표한 논문은 1845년 《철학 잡지Philosophical Magazine》에 게재된 논문 「공기의 희소화와 응축으로 인해 발생하는 온도 변화에 대하여」에서 칼로리 이론을 거부했던 제임스 프레스코트 줄James Prescott Joule(1818~1889)의 연구를 언급한다.[25] 이 논문에서 줄은 칼로리 이론을 폐기했고, 그 대신 "열은 물체를 구성하는 입자들 간 운동의 한 상태로 간주된다"라는 생각을 제출했다. 줄은 자신이 수행했던 실험을 설명했다. 단열된 통 안에서 외륜paddle wheel을 회전시킴으로써 하중을 가해 물을 가열한 실험이었다. 줄은 "공기의 응축 속에서 팽창한 기계적 힘이 입자들에게 전달돼 입자들의 운동 속도를 높이고 그 결과 온도 상승 현상을 만들어 낼 수 있다는 점을 이해하기란 쉽"다고 썼다. 줄은 칼로리 개념을 거부했을 뿐 아니라 열은 입자의 운동이라는 생각에서도 남들보다 앞선 인물이었다. 1847년 줄은 신혼여행 도중 우연히 켈빈을 만났는데, 두 사람은 프랑스 남동부 알프스 자락 샤모니Chamonix에 있는 한 폭포에 함께 갔다고 전해진다. 이 폭포에서 이들은 매우 민감한 온도계를 가지고 폭포 꼭대기 쪽과 폭포 바닥 쪽 물 온도 차를 측정해 보았다.[26] 이론은 이러했다. 바닥 쪽 물이 꼭대기 쪽 물보다 더 따뜻할 것이다. 왜냐하면 떨어지는 물이 바닥 쪽에 닿았을 때, 그 떨어지는 물의 운동 에너지kinetic energy가 열로 변환되기 때문이다.[27]

1852년 켈빈은 「자연 안에 존재하는, 기계적 에너지의 점진적 소멸 Dissipation이라는 보편적 경향성에 대하여」라는 논문을 발표했는데, 이 논문의 내용은 궁극적으로 우주의 '열사heat death'라는 개념으로 이어진다.[28] 하지만 켈빈은 '열사'라는 용어를 사용하진 않았다. 또 그 개념을 지구를 벗어난 곳에 확장해 적용하지도 않았다.[29] 그렇긴 하나 켈빈은 에너지의 점진적 소멸이 지구의 미래와 관련하여 시사하는 바에 관해 다음 세 가지 결론에 도달하게 된다고 말한다. "① 현재 물질

세계는 기계적 에너지의 점진적 소멸을 향해 가는 보편적 경향이 있다. ② 에너지의 점진적 소멸분과 동등한 수준 이상의 에너지 없이는, 살아 있지 않은 물질의 과정에서, 그 어떠한 기계적 에너지의 복원도 불가능하다. 그리고 이 복원은 식물의 꼴을 가진 것이든 어떤 동물의 의지를 따르는 것이든, 어떤 유기적 물질이라는 수단으로도 결코 가능하지 않을 것이다. ③ 과거의 특정 기간에 지구는 현재 그러한 것처럼 인간 거주에 적합한 상태는 아니었을 것이고, 앞으로 도래할 특정 기간에 지구는 또다시 그러할 것이다. 어떤 활동이 과거에 수행되었거나, 앞으로 수행되지 않는 한 그러하다. 하지만 그 활동은 현재 물질세계 내에서 알려진 현재의 활동들을 지배하는 법칙하에서는 불가능하다."[30] 여기서 켈빈은 지구가 취약한 상태에 있다는 생각을 제시했다. 그런데 (인류세 이론에서 그런 것처럼) 인간의 활동 때문이 아니라 (그가 1854년 도입한 용어인) '열역학thermodynamics' 제2법칙의 가차 없고 불가역적인 활동 때문에 지구가 취약하다는 생각이었다. 그는 이렇게 말했다. "열역학의 주제는 연접된 물체 부분들 사이에서 작용하는 힘들의 관계 그리고 열이 전도체와 맺는 관계이다."[31]

켈빈이 지구에 관해 언급했던 내용을 우주 전체로 일반화했을 때 '열사'는 무엇을 시사할까? 그건 우주 자체가 하나의 고립된 시스템이라고 볼 때, 우주의 엔트로피 역시 시간이 지남에 따라 증가한다는 것, 그리고 최종적으로는 작업 수행을 위해 남겨지는 온도 차는 없게 된다는 것이다. 훗날 다른 이들은 이 내용을 이렇게 규정했다. "시사점은 우주가 최종적으로는 '열사'의 고통을 겪게 되어 있다는 것이다. 왜냐하면 우주의 엔트로피가 최대치를 향해 계속해서 증가해서 우주 안의 모든 부분 물질들이 동일 온도에서 열평형 상태thermal equilibrium로 진입하기 때문이다. 그 지점을 지나면 열을 유효 작업으로 변환하는 것과 관련된 변화는 더 이상 가능하지 않을 것이다. 일반적으로 말해 어느 한 고립된 시스템에서의 평형 상태란 정확하게는 최대 엔트로피의 상태이다(이것은 엔트로피라는 용어가 한 시스템의 무질서 정도를 알려주는 척도라는, 그래서 구성인자들의 완전한 수준의 무작위적 분산이 곧 최대치의 엔트로피 또는 최소치의 정보에 해당한다는, 엔트로피에 관한 또 다른 정의의 버전이다)."[32] 하지만 최근의 천문학·물리학 연구의 발전을 감안할 때, 끊임없이 팽창하는 우주 내에서의 '열사'가 과연 여전히 이론적으로 가능한 것인지는 논의의 여지가 있다.[33]

1859년 윌리엄 랭킨은 열역학에 관한 첫 번째 교과서인 『증기기관과 다른 원동력에 관한 매뉴얼』[34]을 출간하며 이 분야의 발전을 이어간다. 「열역학의 두 가지 법칙에 대하여」라는 장에서 그는 열역학 제1법칙과 제2법칙 모두를 설명했다. 랭킨의 책의 제목이 증기기관을 언급했다는 사실은, 열역학 법칙들로 귀결되었던 여러 발견을 시작하는

그림 1.8. 윌리엄 랭킨
(1820~1872)

과정에서 제임스 와트의 발명이 얼마나 중요했나를 웅변하고 있었다.

　19세기 말에 이르면, 증기기관, 냉장고, 화학적 시스템처럼 폐쇄되고 고립된 시스템에 적용되었던 고전적(또는 근평형near-equilibrium) 열역학은 완전한 수준으로 공식적 인정을 받게 되는데, 카르노, 클라페롱, 클라우시우스, 줄, 켈빈, 랭킨 같은 이들의 연구 덕분이었다. 이상적 기체의 엔트로피에 관한 루트비히 볼츠만Ludwig Boltzmann의 확률 방정식($S=k.\log W$, 볼츠만의 묘비에 새겨져 있다)을 포함하여 통계 열역학의 발전이 그 뒤를 따랐고, 이로써 열역학 분야의 많은 부분이 완성된 것처럼 보였다.[35]

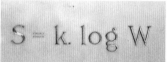

그림 1.9.와 그림 1.10.
비엔나에 있는 루트비히 볼츠만(1844~
1906)의 묘지. 그리고 그의 엔트로피 공식

비평형 열역학

그러나 20세기 후반 벨기에 물리학자 일리야 프리고진Ilya Prigogine (1917~2003, 이 책 5장을 보라)은 노벨상을 안겨준 자신의 연구에서 비평형 열역학Far-from-Equilibrium Thermodynamics, 점차 소멸하는 구조물dissipative structures이라는 고유한 개념을 제시하며 열역학 제2법칙의 시사점에 도전하고 있다. 1977년 노벨상 수상 강연에서 프리고진은 이렇게 말했다. "지금 우리가 이론화학, 이론물리학의 새 발전 단계의 출발선에 있다는 것, 이 단계에서는 열역학 개념이 훨씬 더 기본적인 개념이 되리라는 것이 본 강연의 주요 논지이다."[36]

프리고진은 고전적 열역학이 진자시계, 증기기관, 태양계처럼 평형 상태 또는 평형에 가까운 상태에 있는 계(시스템)들에서 작용한다고 주장했다. 이러한 계들은 계 내부의 작은 변화가 조정과 적응으로 귀결되는 안정적인 계들이다. 이 계들은 17세기와 18세기의, 미적분·선형 미분 방정식과 관련된 위대한 수학적 진보 덕분에 수학적으로 설명된다. 그러나 만일 계 내부로 투입된 것input이 너무나 커서 어떤 계가 조정을 할 수 없을 경우엔, 어떤 일이 일어날까? 이와 같은 비평형계far-from-equilibrium system에서는 비선형 관계가 대신 적용된다. 이 경우 투입된 것이 작을지라도 새롭고 예상치 못한 결과가 도출될 수 있다.

프리고진의 비평형 열역학은 하나의 계가 붕괴할 때 더 높은 수준의 조직이 무질서로부터 자발적으로 출현할 가능성을 열어준다. 그의 이론은 닫혀 있기보다는 열려 있는 사회계와 생태계에 적용되며, 생물학적 진화와 사회적 진화의 역사를 설명하는 데 도움을 준다. 생물의 영역에서 과거의 구조가 붕괴하는 경우, 자그마한 투입분이 새로운 효소나 세포 구조의 생산으로 이어지는 자기 강화적 반환력을 유발할 수도(그러나 꼭 유발하는 것은 아님) 있다. 사회의 영역에서는 혁명적 변화가 일어날 수도 있다. 즉, 어느 한 사회가 과거와는 다른 사회적 또는 경제적 형태를 중심으로 조직을 재편하는 대규모의 사회적 또는 경제적 혁명이 일어날 수 있다. 수렵·채집 사회에서 농업 사회, 또는 봉건 사회에서 산업화 이전 자본주의 사회로의 대대적인 변화도 그러한 사례이다. 과학 분야의 경우, 어떤 혁명적 변화는 세계를 새롭게 설명해 내는 이론을 향한 패러다임 전환을 동반할 수 있을 것이다. 이를테면 지구를 중심으로 보는 프톨레마이오스적인 우주에서 태양을 중심으로 보는 코페르니쿠스적 우주로 변했던 것처럼 말이다.[37]

19세기에 발전된 열역학의 양대 법칙은 열에너지와 (공간 속에서 물체를 운동하게 하는) 작업 사이의 관계를 간명히 설명해 주었다. 또 왜 증기기관의 효율성이 제한적인지 그 이유를 찾아내는 데 도움을 주었다. 열역학 제1법칙은 우주의 에너지가 일정하며, 그 에너지는 일정

형태를 갖춘 상태로만(예컨대 기계에너지에서 전기에너지로, 화학에너지로, 생물에너지로) 변화한다고 밝혔다. 제2법칙은 작업 수행에 이용 가능한 우주 내의 총 에너지는 언제나 감소하고 있으며, 반대로 엔트로피는 언제나 증가하고 있다고 밝혔다. 제2법칙은 (증기기관과 냉장고 같은) 평형 상태에 가까운 폐쇄된 계(시스템)에 적용되었다. 반면 20세기 후반에 등장한 비-평형 열역학 이론에 따르면 밖으로 개방된 계들은 특정 상황 속에서는 자신들을 새로운 형태로 재조직화할 수 있다(이를테면, 세포 수준에서 사회 수준으로).

열역학 제2법칙은 1780년대에 제임스 와트가 증기기관을 발명한 후에 이어진 역사 시대에 어마어마한 영향을 미쳤다. 18세기 계몽주의의 낙관주의는 현실에 새로운 한계를 노출하며 점차 쇠약해졌다. 사람들이 지구라는 현실에서 실제로 성취할 수 있는 것이 심각하게 위축된 것처럼 보였다. 하지만 그럼에도 증기기관은 성공을 이뤘고 증기선과 기차와 공장과 산업화라는 시대의 기초가 되었다. 또 화석연료 연소에서 나오는 이산화탄소를 공중으로 마구 토해냈다. 궁극적으로는 자동차와 비행기를 움직인 내연기관들이, 그 뒤를 이어 디젤을 동력원으로 하는 기계들이 출현하면서, 점점 더 많은 이산화탄소가 대기와 바다로 뿜어져 나왔다. 그 결과는 지구온난화였다. 나는 이 장에서 제임스 와트의 증기기관과 열역학의 역사를 중점적으로 논했다. 하지만 세계의 다른 국가들에서 증기 동력이 어떻게 발전했고 그 결과는 무엇인지, 추가적인 연구가 필요하다.

인류세라는 시대, 즉 인간이 지구에 새로운 '자연의 죽음'을 초래할 수 있는 이 역사 시대는 우리가 꾸는 21세기 악몽이다. 예술, 문학과 시를 논하는 다음 장에서는 증기기관이 촉발한, 인류와 지구에 대한, 아마도 불가역적일지 모를 충격을 강조해서 드러내고자 한다. 그리고 이 흐름을 뒤집기 위해, 우리가 무엇을 해야만 하는지도.

2장
예술

    지구온난화 사태에 관심을 기울여 온 미술가들과 사진가들은 기후변화에 대한 대중의 인식과 이해의 폭을 넓히는 데 시각예술이 필수적인 요소이며, 그러한 인식과 이해가 실질적 정책 변화를 이끌어 낼 것이라고 믿고 있다. 최근 몇 년 사이 여러 학자는 이 같은 견해가 정말로 타당한지 조사해 왔다. 미술과 사진이 기후변화 문제에 상당히 영향을 미치고 있을지도 모른다. 미술관과 박물관뿐 아니라 거의 모든 미디어에서, 문어文語는 이미지에 자신이 차지했던 자리를 내주고 있다. 신문, 잡지, 기관지 같은 출판물 전체에 걸쳐, 쟁점들은 점점 더 이미지라는 수단을 통해 대중에게 전달되고 있다. 문학처럼 미술은 지구온난화가 진행됨에 따라 자연 풍경에서 일어나는 주된 변화를 우리에게 보여줄 수 있을 것이다. 이번 장에서 나는 어떻게 미술이 기존의 전형적인 인간 대 자연환경 서사에 도전하는지를 보여주고자 한다. 인간이 다른 생물종에 비해 특권을 지닌 존재자이며 자연과 분리된 존재자라는 서사 말이다. 실상인즉, 미술가들은 과연 무엇이 진보인가에 관한 우리의 생각 자체를 바꿀 수도 있다.

증기 동력으로 작동한 미술

증기 동력은 상당히 많은 19세기 예술 작품과 문학 작품 창작의 연료가 되었다. 증기기관은 제조업체들의 도시 진출을, 자본과 노동의 통합체인 기업의 탄생을 촉발했다. 또 증기기관은 교통 혁명(말과 노새에서 증기기관차, 증기선으로의 혁명적 전환)과 시장 혁명을(협동에서 경쟁과 이윤으로의 혁명적 전환), 생태 혁명(대기오염·온실가스·화석연료 연소로 인한 생태적 변형으로 이어진)을 낳았다.

과학 혁명Scientific Revolution으로 시작된 인간의 자연 지배는 증기기관 같은 뉴 테크놀로지들의 출현, 석탄·석유·가스 같은 화석연료의 채굴로 한층 더 공고해졌다. 산업 팽창이 진행되는 동안, 자본은 공장주와 엘리트들에 집중되었고, 육체노동력을 제공한 이들은 저임금 노동자 계급이었다. 이런 식으로 육체노동력은 자본주의 팽창에 쓰인 도구가 되었다. 온실가스는 매캐한 공기, 자욱한 검은 증기의 형태로 공중에 제 모습을 드러냈다. 예술작품과 문학작품들에서 표현되었듯, 증기선과 기차와 공장에서 배출된 연기와 증기는 인간이 자연을 지배하는 상징물이 되었다. 그러나 그와 동시에 창조적인 작품들은 뉴 테크놀로지가 인간과 자연에 끼친 영향에 관한 양가 감정을 전송했다. 19세기 미술과 문학에 각종 그래픽 이미지와 묘사들은 넘쳐났는데, 오늘날 우리는 그것들을 인간의 진보라는 관점에서도, 환경의 악화라는 관점에서도 해석할 수 있을 것이다.

철도와 산업

역사상 최초의 여객 철도는 1825년 영국에서 도입되었다. 그해 조지 스티븐슨George Stephenson은 스톡턴-달링턴 철도를 건설했다. 이 철도를 오고 간 기차는 당시 로켓Rocket이라고 불린 증기기관이었다. 곧이어 1830년엔 맨체스터-리버풀 철도가 개통되었다. 증기기관 매연이 인간의 삶에 끼친 영향은 금세 알아볼 수 있었고, 당대 엄청난 관심사로 부상한다. 1831년 1월 13일, 《리즈 인텔리전서Leeds Intelligencer》 앞으로 발송된 한 편지에는 이렇게 적혀 있었다. "이 철도 근처에 안락한 집을 한 채 지었답니다. 시골의 만족스러운 경치를 즐길 수 있는 집이었지요. 자 친구여, 내가 느꼈던 굴욕을 판별해 주시길. 가족들과 편히 앉아 아침 식사를 즐기며 순수한 여름 공기를 음미하고 있을 때, 평화와 안거를 위해 헌신하던 우리 집은 순식간에 고약한 냄새를 풍기

그림 2.1. 들판을 가로지르는 스팀 엔진

는 자욱한 연기로 뒤덮이고 말았죠. 소박하지만 말끔히 정리된 우리 집 식탁은 흙먼지로 뒤덮였고요. 아내와 가족들의 형체는 더럽혀진 공기에 거의 가려져 버렸어요. 그 어떤 소리도 들을 수 없었죠. 서로 부딪치는 쇳소리, 그 신성모독의 노래, 아니면 이 지옥의 기계들을 운전하는 이들의 소름 끼치는 저주의 목소리 말고는요."[1]

이 시골 풍경은 "시골의 들판을 휘감는 연기"의 꼬리들로 오염되었다. 1825년 런던과 버밍엄의 철도 인근에 살았던 사람들은 그 검은 연기 탓에 자신들의 소 방목장이 훼손되는 건 아닌지, 키우는 양털의 품질이 손상되는 건 아닌지 깊은 우려를 표했다. 여우들이 들녘을 가

그림 2.2. W. 브래들리와 구더 레인이 제작한 고정형 증기 기관. 1880년대, 브릭하우스, 제철소, 스토트 파크 보빈 공장

로질러 걸어가려면 필요한 길목이 파괴는 건 아닐까? 닭들이 예전처럼 계속 알을 낳을 수나 있을까? 이들의 걱정이었다.[2]

고착형 증기기관 덕택에 섬유 산업은 공장을 가동하기 위해서 더는 낙수漈水에 의존하지 않아도 되었다. 여름철 시냇물이 마르는 시기가 찾아오면 증기기관은 동력을 추가했다. 또 증기기관 덕에 공장들이 이제 도시에 설치될 수 있었다. 직물을 생산하는 과정에서 양의 털wool 은 빙빙 돌며 실이 되었고, 실패bobbins에 감겼고, 베틀looms에 엮였다. 그 뒤 그 직물은 염색되고, 잘리고, 바느질되어 옷으로 변했다. 예컨대 1835년에 설립되어 랭커셔와 요크셔 소재 공장들에 쓰일 목재 실패

wooden bobbins를 생산했던 스콧 파크Scott Park 공장(잉글랜드 컴브리아에 소재한)은 1880년대에 증기기관을 공장에 도입한다.

증기기관을 그린 초기 그림

영국 화가 조지프 윌리엄 터너Joseph William Turner는 풍경 속으로 자신들을 돌진시키던 증기보트와 증기기관차를 여러 회화 작품에 담았다.

터너의 작품 〈폐선되기 위해 마지막으로 선실로 예인되는 테메레르 전함Fighting Temeraire Being Tugged Her Last Berth〉(1838)은 "화염과 연기를 뿜는 예인선의 노골적인 기계 에너지"를 드러내고 있다.[3] 터너의 또 다른 작품 〈비, 증기 그리고 속도: 그레이트 웨스턴 철도Rain, Steam, and Speed: The Great Western Railway〉(1844)에서는 "기차가 질주하며 다리를 건너고 있고, 물로 씻어낸 듯한 갈색의 철로 위를 달리는 산토끼 한 마리를 위에서 짓누르고 있다".[4] 그림을 감상하는 사람은 열차의 무자비한 속도를 강렬히 경험하며 이렇게 물어보게 된다. 과연 저 토끼는 도망칠 수 있을까? 도망칠 수 있는 자가 과연 있을까? 인류는 도망칠 수 있을까? 이 그림은 새로운 석탄 기차의 속도와 새로운 교통 기술에 대한 예찬을 표현하고 있지만, 다음과 같은 골치 아픈 질문들

그림 2.3. 조지프 터너
(1775~1851), 자화상,
ca. 1799

그림 2.4. 조지프 터너, 〈테메레르 전함〉
자신의 마지막 정박지로 예인되고 있다, 1838

그림 2.5. 클로드 모네 (1840~1926), 〈노르망디 기차의 도착〉, 1877

도 함께 제기한다. 인간이 지구에 가하고 있는 위협은 무엇일까? 우리
가 가장 두려워해야 하는 건 무엇일까? 야생에 대한 경외일까, 아니면
야생의 박멸일까?

1870년대에 개장한 프랑스 철도역 생 라자르역La Gare St. Lazare 역
시 기차역에 도착하는 기차를 그리려 했던 당대 화가들을 자극했다.
1870년 에두아르 마네Edouard Manet(1832~83)는 파리 외곽 쏘Sceaux 지
역의 철도역을 그린 〈쏘의 철도역The Railroad Station in Sceaux〉을 그렸
는데, 그림 속 풍경은 흰 눈과 잿빛 구름, 황량한 들판으로 덮여 있다.[5]

그림 2.6. 뤼미에르 형제의
1896년 영화에서 기차 하나
가 선로로 질주해 들어오고
있다

한편 1877년 클로드 모네Claude Monet는 인상주의 화풍과 현실주의 화
풍을 혼용한 〈노르망디 기차의 도착Arrival of the Normandy Train〉을 그
렸다.[6] 희고 푸른 빛깔의 몽롱한 연기와 구름을 배경 삼아 새까만 엔진
이 역사로 진입하고 있다. 이 기차는 기차역 안의 작고 까만 인간 군상
을 인공 기술이 지배함을 표상한다. 질문이 떠오른다. 저런 기술을 어
떻게 통제할 수 있을까? 저 괴물 엔진이 양산하는 연기들과 오염물들
이 세상을 점령하게 될 때, 인류는 어떤 운명에 처하게 될까?

이러한 이미지들이 드러내는 것은 증기기관을 활용한 교통의 진보
그리고 영국을 넘어 각 지역으로 확산하던 산업화의 물결이다. 또 그
러한 진보와 산업화가 인류사회에 시사하던 바를 캔버스에 담도록 예
술가들을 자극했던, 지속적인 진보와 산업화의 힘이기도 하다. 1895
년에 제작된 역사상 최초의 영화에 속하는 작품 〈시오타역으로 들어
오는 기차The Arrival of a Train at La Ciotat Station〉는 프랑스 남동부의

한 기차역을 묘사하고 있다. 오귀스트 뤼미에르, 루이 뤼미에르Auguste and Louis Lumière 형제가 제작한 이 영화가 1896년 1월 개봉했을 때, 극장 안에 있던 관객들이 출구로 도망치는 등 극장 내부는 패닉 상태가 되었다고 전해진다.

미국의 미술

19세기 초반이 되면 증기기관으로 움직이는 선박들이 미국 전역의 강과 운하에 등장했는데, 이로부터 머지않아서 미국 내에서 철도들이 건설되었고 증기기관의 숫자도 증가하게 된다. 또 증기 동력 덕분에 제조업 시설과 공장들이 도시로 이동할 수 있었다. 1811년 최초의 고착용 증기기관이 제작되어 코네티컷주 소재 미들타운 울른 매뉴팩처링 컴퍼니Middletown Woolen Manufacturing Company의 사업에 활용되었다. 1838년에 이르면 317개의 증기기관이 뉴잉글랜드 내 섬유 공장들에서 작동하고 있었다. 섬유와 다른 공산품들을 수송하는 수단으로 철도가 도입되었는데, 증기와 그 검은 연기가 시골에 끼친 영향은 머지않아 세상에 그 전모를 드러내게 된다.

수로에서는 증기 보트가 등장해 노새가 견인하던 운하 보트를 대체했다. 수문은 수로와 운하를 오가던 증기 보트들을 끌어 올렸다가 내렸는데, 수로와 운하는 공장을 시장에 연결해 주는 통로였다. 당시 증기 보트들이 이동했던 최초의 운하로는 1803년 매사추세츠주 로웰과 보스턴을 잇던 미들섹스Middlesex 운하, 1825년 뉴욕주 북부 지역을 횡단하게 했던 이리Erie 운하, 1828년 프로비던스, 로드 아일랜드를 매사추세츠주 워스터Worcester에 이어주던 블랙스톤Blackstone 운하, 그 레이트 레이크를 오하이오에 연결했던 운하, 그리고 1830년대에 완공된 미시시피Mississippi 운하 등이 있다.

19세기와 20세기에 미국에서 생산된 많은 회화작품이 증기기관이 미국의 자연에 미친 영향을 그려내고 있다. 증기선과 공장을 그린 이미지들은 굴뚝에서 펑펑 쏟아져 나오던 새카만 연기를 담고 있었다. 증기기관이 자연을 나쁜 쪽으로 변형할지도 모른다는 생각이 19세기 후반기 미국 미술계를 지배하기 시작했다. 앤드루 멜로즈Andrew Melrose의 1867년 작품 〈제국의 별은 서쪽으로 길을 잡는다Westward the Star of Empire Takes Its Way〉에서는 휘황한 헤드라이트 불빛에 잠긴 기차 하나가 숲에서 폭발하듯 튀어나오고 있다. 도망치려는 사슴들은 그 불빛에 잡혀 옴짝달싹하지 못한 채 선로 위에 정지해 있다. 역사학자 윌리엄 크로논William Cronon이 지적한 것처럼, 강렬한 대각선이 화면을 양편으로 구분하고 있다. 야생과 숭고한 것은 화면 오른쪽에 있고, 반대쪽에는 시골스러운 것이 보인다. 개간지 위에는 농가를 지으

그림 2.7.과 2.8.
19세기 증기보트와 공장을 담은 이미지

그림 2.9. 앤드루 멜로즈의 〈제국의 별은 서쪽으로 길을 잡는다〉(1867)는 아이오와주 카운실 블러프스시 인근 지역을 묘사한다

려는 목적으로 나무들이 전부 벌목되어 쓰러져 있다. 그리고 이제 증기기관이 등장해 야생을 대거 침범하고 있다. 사슴들은 불빛 앞에서 도망치고 있지만, 과연 어디로 갈 수 있을까? 그들이 살던 야생의 집은 파괴되었고, 대신 인간의 집이 변형된 자연 안에 세워졌다. 이제 이 사슴들은 자연 안에서 자기들의 자리를 완전히 상실하고 말았다. 제국의 별이 서쪽으로 길을 잡으면서 일어난 일이었다.[7]

많은 19세기 미국 화가들이 야생을 긍정할 만한 것으로 생각했지만, 다른 한편으로 그들은 미국의 진보를 축하하기도 했다. 그리하여 이들의 회화 작품은 미국의 진보, 그 상승의 경로에 대한 흥분과 자연의 추방 행위에 대한 절망이라는 두 이야기를 모두 들려준다. 이 화가들은 제국과 진보라는 개념을 작품에 담아내고, 즐기고, 찬미한다. 심지어 그것을 한탄할 때조차도.

증기 동력으로 움직이는 새 교통 체계는 미국이라는 국가를 하나의 거대한 단일 시장으로 변모시켰다. 원래는 각 지역에서 공산품과 기본적인 식품이 분업화되어 공급되던 시장이었는데, 그 지역은 남부, 북동부, 중부 애틀랜틱 지역 그리고 서부였다. 1869년 당시 동부를 서부에 연결했던 건 대륙 횡단 철도 체계로, 유니온 퍼시픽 철도Union Pacific Railroads와 센트럴 퍼시픽 철도Central Pacific Railroads는 유타주 프로몬토리 포인트Promontory Point에서 합류했다. 주로 중국 노동자들이 건설한 이 교통망은 미국을 통합된 단일 시장으로 바꿔놓았다.

이 양대 철도의 합류를 기념한 행사에서는 미국의 광대한 땅을 정복하고, 언덕을 낮추고, 곡선을 편 업적이 찬미되었다. 1869년 대륙 횡단 철도 개통을 기념한 드위넬 목사Reverend Dr. Dwinell의 설교에는 이사야 40장 4절이 등장했다. "야훼께서 오신다. 사막에 길을 내어라. 우리의 하느님께서 오신다. 벌판에 큰 길을 훤히 닦아라. 모든 골짜기를 메우고, 산과 언덕을 깎아내려라. 절벽은 평지를 만들고 비탈진 산골길은 넓혀라."

화가 존 가스트John Gast는 1872년 작품 〈아메리카의 진보(전진) American Progress〉에서 대륙 횡단의 서사를 애매모호함 없이 묘사하고

그림 2.10. 존 가스트, 아메리카의 진보, 1872

있다. 화면 왼편, 서쪽에는 활동적이며, 살아 숨쉬고, 야생적이고, 어둡고, 야만적인 자연이 있다. 윌리엄 브래드포드William Bradford가 표현했던 것처럼 "야수들과 거친 인간들"로 가득 찬 자연이. 버펄로와 늑대와 엘크들은 어둠 가득한 무질서 속으로 도망치고 있는데, 말을 타고 썰매를 끄는 아메리칸인디언들이 이들과 함께 이동하고 있다. 화면 오른편, 동쪽에는 질서정연하고, 문명화되었으며, 길들여진 자연이 있다. 더 이상 무서워할 필요가 없는, 겁탈에서도 자유로운 이 자연은 제국의 별 장식을 달고, 하느작하느작 바람에 날리는 흰 가운을 입고서,

천사처럼 허공을 날고 있다. 그녀는 왼손에 전신기의 선을 들고 있는데, 이것은 당대 최신식 통신 수단을 상징한다. 공기 속에서 태어나는 언어, 위로부터 받는 로고스 또는 단어 말이다. 논리나 순수 형식의 지배라는 이미지는 그녀가 오른손으로 움켜쥐고 있고, 전신기 선에 닿아 있는 책에서 반복되고 있다. 그녀가 표상하는 것은 도시, 문명적인 것, 정부의 시민적 질서, 즉 자연의 최고 단계이다. 그녀는 여성적 물질에 감명을 받은 순수한 플라톤적 형상으로, 자기 아래에 있는 만물을 탈바꿈시키고 만물에 명령을 내린다. 그러나 여기서 가장 중요한 것은 그녀의 길을 앞서서 준비하고 있는 미국인 남성들이다. 어둠을 축출했고, 인디언들과 싸웠으며, 곰과 버펄로를 죽였던 이들. 서쪽으로 향하는 개척자들과 골드러시 투기꾼들을 태운 마차, 그리고 포니 익스프레스가 그녀보다 앞서 달려가고 있다. 울타리가 둘러선 밭과 거친 오두막 옆에서 땅을 일구는 농부들은 이 대지에 정착하여 대지를 길들여 왔다. 더 많은 정착자의 물결을 불러오며, 승합 마차들과 증기 기관차들이 뒤따르고 있다. 오른쪽 맨 끝에는 위대한 서구 문명이 있어서, 바로 이곳으로부터 구세계the Old World의 기술을 실은 선박들이 신세계the New World로 도착하고 있다. 이 그림 자체가 곧 살아 숨 쉬는 진보 이야기이다. 이 그림이 표현해 낸, 동쪽에서 서쪽으로 향하는 움직임은 성공과 정복에 관한 이야기이다. 하지만 허공으로 쏟아지는

검은 연기는 인류세라는 시대의 도래를 예고하고 있다.[8]

1931년 화가 존 케인John Kane은 〈모농가헬라강의 계곡Monongahela River Valley〉을 그렸는데, 이 작품 역시 산업화를 예찬하는 작품이었다. 이 그림은 거의 전적으로 산업시설에 초점을 맞추고, 진보의 승리라는 메시지를 전하고 있다. 산업시설을 자연의 풍경 속에 삽입하는 행위를 문제 삼는다거나 방해한다거나 할 기미는 전혀 보이지 않는다. 석탄을 태우는 공장들에서, 증기로 움직이는 바지barges 선실 안의, 석탄을 태우는 엔진에서 새카만 연기가 쏟아져 나오고 있다. 하지만 대부분의 증기는 흰 빛깔이고 온화한 느낌이다. 화면 앞쪽에는 들판에 경계선을 그어놓은 울타리가 보인다. 화면 중앙의 철도역은 각지에서 온 승객들을 모농가헬라 계곡으로 불러들이고 있다. 한편 모농가헬라강은 철강 산업과 석탄 산업의 현장인 피츠버그 방향으로 흘러서 내려가고 있다. 펜실베이니아주의 자연에서 캐낸 무연탄은 증기기관의 화로에 들어가는 제1의 연료원이다. 도로를 따라서는 산업 노동자들의 주택들과 공장들이 모여 있다. 화면 오른쪽에는, 증기 동력으로 작동하는 화물열차 하나가 대지를 가로질러 이동하고 있다.[9]

이 작품은 증기 동력, 즉 산업화를 주도한 혁명적 힘의 몇몇 원천을 보여준다. 증기 바지선과 공장 그리고 기차의 추진력인 증기기관 같은 것들 말이다. 화면의 대각선을 따라서는 기차에서 가져온 원자재들 그

그림 2.11. 존 케인(1860~1934), 〈모농가헬라강의 계곡〉, 1931

리고 공장에서 생산한 공산품들을 바지선에 하역하고 타운 밖으로 수송하는 작업이 이뤄지는 선창이 보인다. 상품을 실은 저장용 컨테이너 박스, 석탄 덩어리이 담긴 통은 개화開花하는 산업 현장의 분위기를 나타낸다. 교통 혁명으로 강을 통한 이동과 기차를 통한 이동이 통합되고 있었고, 이 덕분에 시장 혁명이 가능했다.

　진보에 대한 축하가 강렬하긴 하지만 그림에는 비판적 요소도 있다. 그것이 의도적이었든 아니든 그러하다. 그림 속 풍경에는 흠결들이 있는 것이다. 배경인 언덕에는 나무들이 헐벗어 있는가 하면, 곧게 뻗은 격자무늬의 들판이 땅에 박혀 있다. 19세기 후반과 20세기 초반의 진보를 미화하는 이 그림에는 오염된 물과 공기, 기형적 경관에서 드러나 있듯, 일종의 환경주의적인 비판적 시각의 시원이 엿보인다. 하지만 여기서 가장 중요하게 전달되는 이야기는 진보에 관한 이야기이다. 산업 현장의 연기는 좋은 것이며, 경제 발전에 필요하다는 이야기 말이다. 오늘날 우리는 이 상징을, 100년 전에 살았던 사람들과는 매우 다른 방식으로 읽을 수도 있을 것이다. 우리의 눈에 이 그림은 낙후된 느낌으로 다가온다. 환경보호론자의 시각으로 보면, 그림 속 저 진보의 요소들이 추하고 기형적인 것으로 보일 것이다. 그러나 19세기에 살았던 사람들의 눈에, 그 요소들은 긍정적인 변화와 혁명을 기념하는 기념물이었다.

철도 현장에서 일했던 노동자들

만약 증기기관이 인류세의 전형적 상징물이고, 화석연료가 인류세의 에너지원이며, 증기 동력을 그린 미술이 인류세를 가장 강렬하게 표현하는 양식이라면, 증기 동력을 창조해 내고 실현하려고 육체노동을 수행했던 사람들은 인류세의 체력strength일 것이다. 증기기관을 설

그림 2.12. 볼티모어 앤드 오하이오 철도회사 소속으로 선로 작업하는 여성들, 1943

계하고 개선했던 과학자들과 엔지니어들과 기술자들, 계속해서 다수의 증기기관 모델을 생산했던 제조업자들 그리고 '철도 현장에서 일했던' 노동자들, 즉 고용되어 일했거나 강제 노동을 하던 남자들과 여자들 말이다. 이 책에서 다양한 생산 시스템과 개선점들을 소상히 묘사할 수는 없지만, 증기기관과 기차의 선로를 제작하고 유지했던 노동자들이 어떤 유형의 사람이었는가는 주목을 요하는 주제이다. 그런데 이 경우에도 예술과 이미지는 인류세라는 시대의 역사적 면모를 더 잘

그림 2.13. 아프리카계 미국인 철도 노동자: 철도회사는 노예를 사거나 주인으로부터 임대했는데, 일반적으로 땅의 정리, 평탄화, 선로 부설을 위해서였다. 노예 노동자들은 "손", "색깔 있는 손", "니그로 고용", "니그로 재산" 또는 "노예" 등 다양하게 언급되는 품목 지출 항목으로 연례 보고서에 자주 등장한다

그림 2.14. 여성 엔지니어, 랑골렌 철도, 웨일즈, 2009

조명해 준다. 미국 남북전쟁Civil War이 발발하기 이전 시기, 흑인 노예들은 미국 동부의 모든 주요 철도 공사 현장에서 일했다. 전쟁이 끝난 후에도, 이들은 '니그로 노동자negro workers'라고 불리며 같은 노동을 계속한다. 미국 서부에서는 중국인 노동자들이 투입되었는데, 이들은 그레이트 플레인스Great Plains(대평원)와 로키산맥Rockies을 가로질러 건설되던 철도와 합류하게 될 서부 철도를 건설했다. 여성들 역시 철도 유지·보수 노동을 했는데, 어떤 경우에는(특히 2차 세계대전 기간에 그랬는데) 기관사로 고용되기도 했다. 몇몇 일러스트 작품은 당시 철도 건설과 유지·보수 작업에 투입된 중노동과 어마어마한 노동 시간을 우리에게 알려준다. 이 이미지들은 인류세라는 시대 속 육체노동의 면모를 가감 없이 드러낸다. 이 경우 인류세는 남자의 시대, 아니면 더 부정적인 용어로 말해 가부장세Patriarchalocene, 수컷세Androcene, 노예세 Slavocene라고 해석해야 적절할 것이다. 하지만 최근에는 여성들과 흑인들이 미국 철도 산업에서 기관차 엔지니어와 임원으로 활약하고 있다.[10]

미래 예술

만일 우리가 21세기 말에 인류세를 극복하고 지속가능성의 시대로 나아갈 수 있다면, 그때 미래의 예술은 어떤 모습일까? 만일 많은 이가 예견하듯(이 책의 에필로그를 참조하라) 세계 전체가 화석연료에서 멀리 벗어나 태양광 에너지와 재생가능 에너지로 이동한다면, 증기기관과 증기보트와 새카만 연기 같은 이미지들은 온실가스와 대기오염, 건강하지 못한 삶이 가득했던 과거 시대를 떠올리게 하는 역할에 그칠 것이다. 태양광 에너지로 작동하는 자율주행차와 전기 지하철과 자전거, 재택근무라는 삶의 양식이 새 예술 형식의 근간이 될 것이다.

엔지니어 토니 손Tony Thorne이 묘사하는 바와 같은 몇몇의 기술 변화가 미래 예술의 근간이 될 수도 있을 것이다.[11] 토니 손은 이렇게 쓰고 있다.

자율주행자동차: 2018년 첫 대중용 자율주행 자동차가 등장했다. 2020년경에는 자동차 산업 전체에서 동요가 시작될 것이다. 당신은 더 이상 자동차를 소유하길 원하지 않게 될 것이다. 휴대폰으로 자동차를 부르면 당신이 있는 곳까지 차가 와서 목적지에 데려다줄 것이다. 주차는 하지 않아도 되고, 주행거리만큼만 비용을 지불하면 되며, 운전 중 생산적 활동도 할 수 있을 것이다. 아이들은 운전면허를 취득하지도, 차를 소유하지도 않을 것이다.

자율주행자동차가 도시의 모습을 바꿔놓을 것이다. 왜냐하면 앞

으로 우리의 자동차 수요가 지금보다 90~95% 더 줄어들게 될 테
니 말이다. 심지어 우리는 과거의 주차 공간을 공원으로 바꿀 수도
있을 것이다.

전기자동차는 2020년대에 메인스트림이 될 것이다. 앞으로 새
로 출시되는 차가 전부 전기로 달릴 테니 도시의 소음은 줄어들 것
이다. 전기는 믿을 수 없을 정도로 값싸고 깨끗해질 것이다. 태양광
을 통한 전력 생산량은 30년간 기하급수적인 상승 곡선을 그렸고,
머지않아 우리는 급성장의 충격을 목도하게 될 것이다.

작년 한 해 세계에는 화석연료 에너지 시설보다 더 많은 태양광
에너지 시설이 설치되었다. 에너지 기업들은 가정용 태양광 설비
의 과다 경쟁을 막기 위해 전력망 접근을 제한하고자 필사의 노력
을 기울이고 있지만, 그런 노력은 지속될 수 없을 것이다. 새로운
테크놀로지가 그런 전략을 무력화할 것이다.

값싼 전기 시대가 도래하면서 값싸고 풍부한 물이 함께 등장할
것이다. 소금물을 담수로 만드는 작업에는 이제 세제곱미터당
2kwh만 필요하다(0.25센트 정도). 현재 대다수 장소에서 물은 부
족하지 않다. 식수만이 부족할 뿐이다. 누구나 거의 무료로 자신이
원하는 만큼 깨끗한 물을 실컷 가질 수 있다면 어떻게 될지 상상해
보시길.

사실 예술가들은 이미 화석연료와 기후변화의 시대를 비판하는 새 시대의 이미지와 재현물을 제시하고 있다. 올라푸르 엘리아손Olafur Eliasson의 작품은 가장 앞서가는 축에 속한다. 2007년 가을 샌프란시스코 소재 어느 모던 아트 뮤지엄 전시회장. 관람객들은 회색 담요를 몸에 두른 채 정확히 섭씨 영하 12.2°로 맞춰진 방으로 들어가고 있었다. 엘리아손의 '아이스 카'를 보기 위해서였는데, 이 자동차는 두꺼운 얼음으로 덮인 BMW의 수소 전기 레이싱카였다. 엘리아손은 자신의 '아이스 카'가 자동차 디자인과 기후변화 간의 관계에 관한 생각을 촉발하기를 소망한다. 기후변화 이슈를 다루는 수많은 다른 예술가처럼 엘리아손은 예술이라는 수단을 통해 환경 문제를 자각하도록 일깨우며, 자신들의 책임을 인정하고 사회적 변화의 파고를 높이도록 사람들을 자극하고 있다. 엘리아손은 자신의 작품이 한층 더 책임 의식 높은 행동을 유발할 수 있기를 소망하고 있다. 엘리아손은 이렇게 말한다. "생태적으로 지속가능한 에너지와 환경운동에 관한 이번 연구에서 너무나 흥미로웠던 점이 있어요. 모두가 공유하는 복잡하고 다성적인 polyphonic 이 세계에서 각자 어떻게 삶을 항해하는지와 관련이 있는 책임 의식을, 이 작품이 증진시킨다는 사실이죠."[12]

케이프 고별 프로젝트The Cape Farewell Project는 예술가, 과학자, 언론인들을 위한 북극 탐험 행사를 주도하고 있는데, 환경 의식을 고취

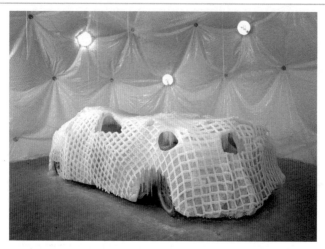

그림 2.15. 올라푸르 엘리아손의 '당신의 이동 기대치들: BMW H2R 프로젝트',
2007

하고 기후변화에 관한 생산적 토론을 대중화하겠다는 것이 행사의 목
표이다. 프로젝트 창시자인 데이비드 버클랜드David Buckland는 예술이
정책의 변화를 야기할 만한 힘을 간직하고 있다고 생각한다. 그는 이
렇게 말한다. "눈에 띄는 하나의 이미지, 조각이나 사건은 풍부한 과학
적 데이터보다 훨씬 더 큰 목소리를 낼 수 있고 사람들의 상상력도
곧장 자극할 수 있지요".[13]

마찬가지로 알렉스 모리슨Alex Morrison 기자는 2007년부터 2008년
까지 세계를 순회한 한 전시회를 언급했다. 기후변화로 인해 극지방,

안데스, 히말라야 등 지구의 여러 지역에 나타난 결과의 연대기를 담은 '변화를 마음으로 그려보기Envisioning Change'라는 제목의 전시회였다. "아름답고 사색적이며 때로는 경악스러운 그 이미지들은 언어로는 가능하지 않을 감정 세계로 보는 이들을 끌고 가지요."[14] 전시회 목표는 기후변화로 인해 세계에서 가장 추운 지역들에서 일어나고 있는 일들에 관한 대중의 인식 수준을 높이는 것 그리고 기후변화의 속도를 완화할 수 있는 행동상의 변화를 일으키는 것이다.

대다수가 도시에 살게 되면서 야생의 자연에서 어린 시절이나 여름철을 보내는 사람의 수도 점점 더 줄고 있다. 시간이 갈수록 더욱더 사람들로 붐비는 도시라는 환경에서 예술은, 풍요로운 야생의 미학 유산을 다수의 미국인에게 가르쳐 주는 최상의 한 가지 방법이다. 이 유산은 20세기 초 국립공원 운동부터 1970년대의 전면적 법률 개정, 나아가 현재의 기후변화 대응 운동까지, 과거와 오늘의 환경 운동을 불 지피는 데 어마어마한 역할을 했다. 현재의 환경보호 노력을 촉발한 한 가지 핵심 요인은 국립공원과 산림지대에서 일어나고 있는 급격한 변화들이다. 가슴 아린 사례 하나를 거론하자면, 글레이서 국립공원Glacier National Park 내 수많은 빙하는 이곳을 보호 대상에서 제외하려는 움직임에 직면해 있다.

이미지는 개인의 행동 방식과 미래 공공 정책을 바꾸는 데 생산적인 역할을 할 수 있다. 예술 관람 행위는 개인적이고 집단적인 행동을 촉진하는 데 도움을 줄 수 있다. 기후변화는 개인에 따라서는 며칠간 지속되는 여름철 폭염으로만 경험될지도 모르고, 더 강력해진 허리케인으로만 연상될지도 모른다. 하지만 그러한 첫 자각은 예술의 강력한 영향력에 힘입는 경우 장기간에 걸친 행동 방식의 변화를 촉진할지도 모른다. 그러므로 거대한 화면을 담은 캔버스를 바라보는 행동은 실제로 사회 변화의 내적 동력이 될 수 있다. 이 장에서 소개한 작품들 외에도 더 많은 예술작품이 연구될 필요가 있다. 특히 학자들이 유럽과 미국 바깥으로 범위를 넓혀 다른 나라와 대륙의 작품들을 포함해 연구해 주기를, 미래의 연구들이 인종·계급·젠더의 (사회적·예술적) 역할을 소상히 밝혀주기를 희망한다.

3장
문학

인류세와 연관성이 큰 문학 작품들은 이미 역사에 풍성히 쌓여 있다. 이 문학사에는 윌리엄 워즈워스William Wordsworth, 월트 휘트먼Walt Whitman, 로버트 프로스트Robert Frost, 게리 스나이더Gary Snyder, 로버트 해스Robert Hass 같은 시인들 그리고 찰스 디킨스Charles Dickens, 너새니얼 호손Nathaniel Hawthorne, 존 스타인벡John Steinbeck, 랠프 월도 에머슨Ralph Waldo Emerson, 헨리 데이비드 소로Henry David Thoreau, 알도 레오폴드Aldo Leopold, 존 맥피John McPhee, 바버라 킹솔버Barbara Kingsolver, 애니 딜러드Annie Dillard 같은 작가들의 이름이 기록되어 있다. 이들은 모두 증기기관이 만들어 낸 삶의 가속화와 함께 발생했던 거대한 사회적 변화를, 석탄과 연기(기후변화와 인류세의 대표적 상징)의 충격에서 유래한 환경 파괴를 작품에 반영했다.

환경 인문학 분야의 여러 걸출한 인물은 산업화가 야기한 삶의 변화에 심대한 영향을 받은 이들이었다. 예를 들어 알도 레오폴드는 자

그림 3.1.
윌리엄 워즈워스(1770~1850),
새뮤얼 크로스웨이트가 그린
초상화, 1844

연학자naturalist이자 생태학자, 농부이자 '녹색' 철학자였다. 그는 철도가 내려다보이는 아이오와주의 절벽 근처에서 자랐는데, 아내가 될 사람인 에스텔라Estella의 손을 잡고 산타페 철도Santa Fe Railroad의 선로를 걸으며 청혼했다. 애니 딜러드는 펜실베이니아주의 강과 숲이 있는 야생지대에서 어린 시절을 보냈다. 산업화의 물결이 훗날 자신이 살았던 버지니아주 로아노크 밸리Roanoke Valley의 집까지 밀고 들어오자 그녀는 이를 애통해했다. 존 맥피, 바버라 킹솔버 같은 작가들은 그때까지는 남아 있던 미국의 '야생 지대'에서 예술적 영감을 찾았고, 기후변화가 대지와 멸종위기 생물종들에 미친 충격으로 비통해진 심경을 글로 표현했다.[1]

이 장에서는 석탄과 증기기관이 초래한 초기 영향에 응전했던 과거

의 영미 작가들을, 아울러 오늘날과 미래의 모든 사람에게 인류세가
어떤 의미를 지니는지 이야기하는 현존 작가들을 논하고자 한다. 지금
우리는 21세기의 안쪽으로 더욱더 깊숙이 들어가고 있고, 따라서 이
주제에 관한 더 많은 연구와 글쓰기가 필요하다.

영국 문학

이미 1814년에 윌리엄 워즈워스는 향후 인류세 시대의 특징이 될,
인간 행동이 자연에 초래하는 부정적 결과들을 고발했다. 워즈워스는
공장에서 쏟아져 나오는 연기를 자연환경에 대한 주된 위협으로 인식
했다. 그가 보기에 그 연기는 모든 생명을 질식케 했고 오래 지속될
결과를 자연에 남겼다. 〈나들이The Excursion〉라는 시에서 워즈워스는
인간이 자연 세계에 침범하는 상황을 고발하고 있다.

몇 마일씩이나 땅의 얼굴을 가리며―거기에서,
전에는 주택 한 채 서 있지 않던 바로 그곳에서,
불규칙적으로 덩어리를 이룬 인간의 거주지들이
숲속 나무들처럼―널따란 트랙을 따라 퍼져가고 있다
트랙 너머론 끊임없이 불길에서 솟은 연기가

매달려 있다, 영원히 그리고

아침 햇살에 반짝이는 증기의 화환처럼 풍성히.

그리고 여행자는 자신의 발길을 돌리는 모든 곳에서

척박하기만 한 야생을 본다, 삭제된,

아니면 소멸하고 있는…[2]

이처럼 증기 보트와 증기기관들이 잇따라 나타나 자연을 파괴했지만, 인간의 비전만은 파괴하지 못했다. 공장의 연기는 자연 세계의 아름다움을 훼절할 수는 있었으되, 인간의 정신은 여전히 예지적 통찰력을 유지할 수 있었다. 1833년 발표한 〈증기 보트, 고가도로 그리고 철도들Steamboats, Viaducts and Railways〉에서 워즈워스는 이렇게 쓰고 있다.

그것이 얼마나 훼손하든, 너의 현존만은 그러지 못하리

자연의 사랑스러움이여, 빗장을 드러내라

그 예지적인 앎을 얻으려는 정신에게

미래의 변화에 대한 앎을, 그 비전을, 그 비전으로부터

당신들의 영혼이 무엇인가가 밝혀지기를[3]

그림 3.2. 1952년 크루 컴퍼니가 만든 기관차 '윌리엄 워즈워스'

1847년 개통된 켄달Kendal 철도와 윈더미어Windermere 철도는 레이크 디스트릭트Lake District 지방에 있던, 워즈워스가 애지중지하던 집을 위협했다. 인근 철도가 완공되기도 전에 워즈워스는 (증기 동력을 이용한) 산업에 의한 기술적 지배에 반대하며 자연 보전 운동에 목소리를 보탰다. 1844년 《런던 모닝 포스트London Morning Post》에 실렸던 시 〈완공 예정인 켄달, 윈더미어 철도에 대하여On the Projected Kendal and Windermere Railway〉에서 워즈워스는 이렇게 물었다. "무분별한 맹공으로부터 안전한 곳은 이제 영국 땅 그 어디에도 없는 것인가?" 그는 이제 자연이 발언해야 한다고 주장했다. "발언하라, 지나가는 바람아, 너희들 계곡수여, 너희의 강인하고/그침 없는 목소리로, 저항하라 잘

못된 것에 맞서."[4] 같은 해 쓴 철도 노선 계획을 비난하는 또 다른 시에서, 워즈워스는 이렇게 말한다.

저 기적 소리가 당신들은 들리는가? 길게 연결된 그녀의 기차가
휩쓸고 지나갈 때, 그 장면은 당신의 시야를 가로질렀나? (…)
산들과 골짜기들과 강물들이여, 나는 당신들에게 요청한다
정당한 경멸의 열정을 공유하자고[5]

아이러니하게도 1952년 크루 컴퍼니Crew Company(영국의 저명한 문인들의 이름을 따 엔진에 붙였던 회사)는 자기네 기관차 하나에 '윌리엄 워즈워스William Wordsworth'라는 명칭을 붙였다.

찰스 디킨스는 자신의 작품에서 증기기관을 주요 행위자로 등장시킨 또 다른 영국 작가였다. 소설 《돔비와 아들Dombey and Son》(1846~1848년 집필)에서 디킨스는 생동감 넘치는 언어를 동원하며 기차가 땅과 삶에 미친 영향를 서술한다. 스태그스 가든스Stagg's Gardens(런던 캠던 타운Camden Town에 위치한 한 동네)에서 진행된 런던-버밍엄 철도London and Birmingham Railway 건설 공사가 동네 풍경 전체를 그로테스크한 괴물로 변모시킨 지진과도 같은 결과를 초래했다고 그는 주장했다.[6] 그 철도, "거대 지진의 첫 충격"과 같은 그 철도가 "… 동네

전체를 중심부까지 찢어발겼다". 이 파괴의 흔적들은 도처에서 찾아볼 수 있었다. 주택은 무너져 내렸고, 거리는 파편이 되며 끊겼다. 깊은 구덩이와 도랑이 땅에 파였는가 하면, 거대한 흙더미와 진흙더미가 내동댕이쳐졌다. 지반이 침식되어 이리저리 흔들리는 건물들은 커다란 나무 들보들이 떠받치고 있었다. 이곳에선 뒤집히고 뒤범벅된 무질서한 모양의 수레 더미가 가파르게 솟은 인공적 언덕의 밑바닥에 널브러져 있었다. 뒤죽박죽된 보물 같은 철 덩어리가, 그곳에, 돌연 연못이 되어버린 무언가에 흠뻑 젖어 녹슬어 있었다.[7]

　새 철도가 등장하면서 발생한 급작스러운 변화로 인해, 동네는 사실상 알아볼 수 없는 몰골이 되고 말았다. 다리는 알 수 없는 땅으로 뻗어 있었고 길거리는 지나갈 수 없었다. 굴뚝은 파괴된 집들의 폐허 위에 서 있었고, 재와 벽돌과 널빤지들은 공포를 자아내는 엉망진창 속에서 이리저리 흩어져 있었다.[8] "요약하자면 아직 완성되지 않고 개통되지 않은 철도의 공사가 진행되고 있었다. 그리고 이 모든 최악의 무질서, 바로 그 핵심에서 나온 그 철도는 부드럽게 제 길을 갔다. 문명과 개선이라는 기운 넘치는 여로, 그 속으로."[9] 사실 삶이 흘러가는 속도가 너무 빨랐고 삶을 살아가는 이들을 도무지 알 수 없는 미래로 던져놓아서, 삶의 의미는 이제 파악할 수 없게 되었다. 과거에는 탑승자들이 말과 마차를 타고 가며 느긋하게 풍경과 사람들을 바라보았지만, 이제는 더 이상 그런 방식으로 음미하거나 이해할 수 없었다. 죽음은 과거 그 어느 때보다 더 신속하고 가차 없이 다가왔다. 기차에서 의미는 이해 불가능한 것이 되고 만다. "도무지 후회할 줄을 모르는 괴물, 죽음의 트랙에서 그러하듯!"[10]

1854년 출간한 소설 『어려운 시절Hard Times』에서 디킨스는 공장 연기가 노동자 계급이 거주하는 마을들에 끼친 영향에 애통한 심사를 표현한다. 실제로 이 소설에서 코크타운Coketown이라는 딱 맞는 이름으로 등장하는 마을은, 당시 산업혁명이 (영국) 농촌 지역들에 가했던 회복 불가능한 피해를 전형적이면서도 상징적으로 보여주었다.

햇빛 좋은 어느 한여름 날. 심지어 코크타운에서조차도 이런 일이 가끔 있었다. 이런 날씨에 멀리서 바라본 코크타운은 마을 특유의 안개에 싸여 있었고, 그 안개는 햇살이 뚫고 들어가기 어려워 보였다. 우리는 오직 저기에 그 마을이 있다는 사실을 어렴풋이 알 뿐이었다. 왜냐하면 어떤 마을이 거기 없었다면, 시야에 그런 음침한 얼룩이 눈에 띄지는 않았을 것이라는 점만은 우리도 알아채기 때문이다. 희뿌연 그을음과 연기가 혼미한 상태로 이쪽으로 다시 저쪽으로 향했다가, 천국의 금고를 열망하다가 다시 희미하게 땅을 따라 기고 있고, 바람이 일어났다가 잦아지다가 또는 그 방위를 바

그림 3.3. 찰스 디킨스(1812~
1870), 윌리엄 파웰 프리스가
그린 초상화

꿀 때 그러하다. 교차하는 한 줄기 빛을 제 안에 거느린, 딱히 정해
진 모양이라곤 없는 두꺼운 혼돈은 어둠의 덩어리만을 보여주고
있었다. 저 멀리 보이는 코크타운은, 집을 이룬 벽돌들이 하나도 보
이지 않았지만, 자신의 정체를 이렇게 드러내고 있었다.[11]

삽으로 석탄을 퍼서 증기기관 화로에 담는 노동에 지친 그 무더운
여름날, 작업 후 그 노동자들을 맞이한 건 그을음과 뜨거운 기름 냄새,
방앗간 축과 바퀴에서 나는 끊임없이 윙윙대는 소리, 뒤범벅된 먼지투
성이의 거리와 뒤뜰이었다. 잔혹한 노동의 나날에서 휴식을 찾지 못한
채 이들은 황혼이 깔리는 무렵을 지나 무더운 밤까지 분투를 계속했

다.[12] 산업혁명이 그 본고장 영국에서 빚어낸 풍경들이었다. 산업혁명이 바다 건너 뉴잉글랜드로 퍼지면서 그 결과는 한층 더 심도 있게 체감되었다. 뉴잉글랜드에서도 기차와 증기기관과 공장들이 한때 청정하기만 했던 자연을 지배하기 시작했다.

미국 문학

미국의 소설가 너새니얼 호손 역시, 찰스 디킨스처럼 고속 기차와 함께하는 삶과 과거 농경사회 가정의 안정감 있는 삶 사이의 극한 대비를 목도한다. 실제로 기차의 속도는 인류세 시대의 가속화된 삶을 상징한다. 19세기에 증기기관이 촉발한, 자연과 삶에 관한 상실감과 절망감은 인류세에서 살아가고 있는 많은 이가 오늘날 경험하고 있는 감정과 흡사하다.

호손은 『일곱 박공의 집The House of the Seven Gables』(1851)에서 자유와 두려움, 진보와 심각한 염려, 흥분과 공포, 양자 모두를 대변하는 사물로서 기차를 묘사하고 있다. 등장인물 클리퍼드는 미지의 장소로 돌진하는 자유에, 새롭고 이채로운 장소와 상황이 주는 흥분감에 젖어든다. 반면, 고향은 안전한 것, 보호해 주는 것, 안락한 것을 대변한다. 고향에 있는 일곱 박공의 집에서라면 앞쪽으로 난 아치형 창문 안쪽에서 사람들을 관찰할 수 있는 선택지가 있지만, 기차 안에서는 어디에나 사람들이 있고 그들을 피하는 것은 애초에 불가능하다. 사적인 자유도, 탈출도 이곳엔 없다. 기차에 오른 이상 타인들과 마주치는 상황을 계속해서 견뎌내야 한다. 끊임없이 여행하고, 새로운 곳과 마주치고, 알 수 없는 상황에 대처하는 삶이란 너무나도 부담스럽고 어렵기만 하다. 고향으로 돌아간다는 것은 삶 자체에 필수적인 요소인 것이다.[13]

『천국행 철도The Celestial Railroad』(1843)에서 호손은 철도 회사 임직원 스무스잇어웨이Smooth-it-away 씨와 함께하는, 파괴의 도시에서 천상의 도시로 가는 여정을 들려준다. 천국행 기차를 타고 미래에 도달하려면, 먼저 역마차(과거의 상징)가 불쾌하기 짝이 없는 습지를 가로지르는 다리 하나를 건너야만 한다. 그런데 이 습지는 "2만 카트 분량의" 고대의 "철 지난" 문서들로 이뤄진 습지로서, 이 문서들은 "도덕에 관한 책들, 프랑스 철학과 독일 합리주의를 다룬 도서들, 현대 성직자들의 소논문, 설교, 에세이 그리고 플라톤, 공자, 다양한 힌두교 현자들의 텍스트 발췌문들, 아울러 경전 텍스트에 대한 소수의 진정한 해설문들"로 이루어져 있는데, "이 문서들은 전부 어떤 과학적 과정에 의해 덩어리 같은 화강암으로 변형되었다".[14]

기차 안의 승객들은 모두 우아한 숙녀이거나 정계와 재계에 종사하

그림 3.4.
너새니얼 호손(1804~1864),
찰스 오스굿이 그린 초상화, 1841

고 있는 명성 높은 신사이다. 그런데 이 기차의 엔진은 승객을 천상의 도시가 아니라 어두운 지하세계로 데려갈 수도 있는, 기계의 꼴을 한 악마와 닮은 모습을 하고 있었다. 이 수석 엔지니어는 "자신의 입과 위장에서만이 아니라 그 엔진의 놋쇠 같은 복부에서도 펑펑 쏟아져 나오는 것처럼 보이는 … 연기와 화염에 온통 휩싸이다시피 한 인물" 이었다.[15]

기차에 올라타서 벼락같은 여정에 몸을 맡기면, 여행자들은 과거의 여행자들을 볼 수 있다. 즉, 무거운 짐을 등에 지고, 동료들과 함께 자신들의 목표 지점을 향해 터덜터덜 무거운 발걸음을 옮기며, 끙끙대고 비틀대면서, 연기와 뜨거운 김을 부채질하며 두 발로 걸어가는 여행자들 말이다. 이들의 뒤를 따라 "계곡을 따라 도는 어마어마한 비명"

이 등장한다. "1000마리나 되는 악마들이 자신들의 허파를 일제히 터뜨려 말하는 소리와 같은 비명이. 그러나 결국 그건 정착지에 도착하고 있는 엔진에서 나는 (기적) 소리일 뿐이었다."[16]

여행이 막바지에 이를 무렵 여행자들은 새 형태의 증기 동력을 만난다. "이 중대한 여로에 등장하는 최종적 최신품인 증기선 한 척이 강변에 놓여 있다. 출발이 임박했음을 알리는 불쾌한 소리 일체를 배출하고, 뿜고, 들이마시고 내쉬고 있는 증기선이었다." 증기를 들이마시고 내쉬느라 창백해진 그 배가 행여나 가라앉거나 폭발할까 봐 두려워서, 또 흉측하게 생긴 키잡이의 등장에 잔뜩 겁을 집어먹은 채 여행자들은 서둘러 승선한다. 이야기의 주인공인 여행자 자신은 배 밖으로 도망쳐야겠다는 마음을 먹고 선미로 돌진하지만, 갑자기 패들 휠이 휘청거리며 돌아가면서 차가운 물줄기를 배 밖으로 뱉어내는 동시에 그를 너무나도 오싹하게 하는 바람에, 그는 꿈에서 깨어나서는 덜덜덜 몸을 떤다. 증기기관이 빚어낸 근대화를 말하려면 더 많은 것을 말해야 한다. 시공을 초월해 천상의 미래로 가는 고속 여행의 이점을 말하려면, 더 많은 것이 동원되어야 한다. 천국행 철도란 인류와 지구에 엄청난 결과를 초래하지 않고는 결코 현실이 될 수는 없는 하나의 환상이자 이상주의적인 비전, 에덴동산의 꿈일 뿐.[17]

1967년 레오 마르크스Leo Marx의 『정원 속의 기계The Machine in the

Garden』에서 미국인들은 훗날 인류세라고 불리게 되는 시대의 사회적 혼란을 경험한다. 전국 곳곳에서 기차와 보트와 공장이 헛간과 들녘과 목초지에 맞선다. 홀로세가 인류세와 대비되듯, 농업의 시대는 산업의 시대와는 다르다. 증기 동력 기술이 불러온 사회적 교란은 목초지의 평화로움과 싸운다. 다시 말해, 이 기술의 힘과 세력은 농촌의 안정을 뿌리 뽑는다. 정원은 아름다움이 깃드는 곳이자 먹을거리가 생산되는 곳, 시대를 타지 않는 장소이지만 기계는 농지를 잠식하고 삶 자체를 탈바꿈시키는 시간의 돌진이다. 여기서 제기되는 문제는 둘 다 살아남을 수 있을 것인가 그리고 어떻게 그것이 가능할 것인가이다. 둘 다 적응할 수 있을까? 영원함과 변화 사이에, 과거와 미래 사이에 변증법적 교환이 성립될까?[18] 불협화음이 아메리칸 드림을 채우고 있다.

랠프 왈도 에머슨은 에세이 『미국 젊은이The Young American』(1844)에서 철도를, 그리고 그것이 미국인들에게 전해준 혜택을 예찬한다. "철도로 인해 빚어진 예상치 않았던 하나의 결과는, 철도 덕분에 미국인들은 자기네 땅에 있는 무한한 자원을 만날 기회가 늘어났다는 것이다." 또 에머슨은 "철도의 쇠는 땅과 물의 잠자는 에너지를 불러내는 힘을 지닌 마법사의 지팡이"라고 말했다. 1871년 에머슨은 미국 대륙횡단철도가 완공된 지 2년 후, 대륙횡단 여정에 오른다. 그는 캘리포니아까지 내내 기차로 이동했는데, 요세미티를 방문해서는 존 뮤어

그림 3.5. 랠프 왈도 애머슨
(1803~1882)

John Muir를 만나기도 한다. 이 철도는 실제로 에머슨에게 새로운 시야
와 흥미진진한 새로운 삶의 기회를 열어주기도 했다.[19]

에머슨과 대조적으로 헨리 데이비드 소로의 『월든Walden; or, Life in
the Woods』(1854)은 기차가 빚어낸 극단적 면모와 사회적 혼돈상을 예
화로 보여준다. 1845년 소로는 매사추세츠주 콩코드 외곽의 월든 연
못가를 찾아가 은거한다. 그는 그곳에서 2년 2개월 동안 살다가 1847
년 9월 6일 다른 곳으로 이사한다. 당시 기차는 월든 연못의 가장자리
를 따라 달렸는데, 그 기적 소리는 매의 소리처럼 대기를 관통했고,
소로는 오두막에서 덜컹대며 철로 위를 달리는 기차의 소음을 들었다.
하지만 기차가 그의 고독을 깼던 이 무렵, 기차는 세계 각지의 새롭고
이색적인 자원과 상품들을 가져다주는 시장의 상징이 되고 있었다.

호손과 에머슨처럼 소로 역시 철도에서 영향을 받았는데, 당시는 미국의 목가적 이상이 기차에 의해 철저히 파괴되던 시점이었다. 그 시절 철도는 미국식의 끊임없는 진보라는 서사에서 다음 단계로의 도약을 상징했다. 식민지 개척 시대에서 산업화의 시대로, 오늘날의 인류세 시대로 나아가는 진보 말이다. 인간이 완벽하게 지배권을 행사할 수 있는 새로운 유형의 자연이 창조되었는데, 그 자연 안에서 사람들은 한 장소에서 다른 장소로 신속히 이동할 수 있었다. 소로가 보기에 이 철마는 제 발을 땅에 굳건히 심고 있었고, 그 울음소리는 자신이 사는 월든 오두막의 고요를 찢고 들어왔다. "정원 속의 기계"는 테크놀로지가 미국의 자연에 끊임없이 가했던 임팩트를, 끊임없이 이어지던

그림 3.7. 월든 기차역

미국 야생의 소실을 집약적으로 말해준다.

철도는 과거의 그 무엇과도 달랐던 새로운 형태의 교통수단으로 등장했고, 거대한 파워와 속도는 그것을 바라본 모든 이에게 어마어마한 충격을 주었다. 마크 트웨인은 『서부 유랑기Roughing It』(1872)에서 대륙 곳곳을 비틀대며 질주하고 거친 자연을 불 밝히는 기차를 묘사하는데, 동시에 그 위력에서 느낀 충격과 경외감을 전한다. 그는 이렇게 쓰고 있다. "오후 4시 20분경, 우리는 오마하Omaha 기차역에서 빠져나왔다. 한두 시간이 지나자 저녁 식사 시간이 발표되었는데, 풀먼Pullman의 바퀴 달린 호텔에서 음식을 먹는다는 것이 어떤 것인지 미처 경험해 보지 못한 우리 같은 사람들을 위한 행사였다. 우리가 잔에 가득 찬 스파클링 샴페인으로 훌륭한 음식을 적셨을 때, 눈부신 폴리페모스Polyphemous의 눈을 단 우리의 기차는 대초원의 원경을 환히 비추며 밤과 야생 속으로 거침없이 돌진해 갔다."

한편 월트 휘트먼은 1886년 『두 시내Two Rivulets』에 발표했고 이후 1900년 『풀잎Leaves of Grass』에 재수록한 시 〈겨울, 기관차에게To a Locomotive, in Winter〉에서 엔진의 "강렬한 아름다움"을 칭송했다. "검은색 원통형 몸, 금황동색 강철과 은색 강철" 그리고 "중량감 넘치는 사이드바, 평행봉과 연결봉, 나선형으로 회전하고, 측면에서는 좌우 운동을 하는" 같은 구절에서 휘트먼은 엔진의 원재료들인 쇠과 강철을, 아울러 (향후 인류세의 특징적 면모가 될) 산업화의 새 시대를 예찬한다. 마크 트웨인처럼, 휘트먼은 "전면에 고정된 그대의 커다란, 돌출된 헤드라이트"에 외경심을 품었다. 그는 증기기관을 "대륙의 새로운 모던한 (운동과 위력의 화신) 맥박"이라고 불렀다. 기차는 자신에게 부과되는 법이었고, 지진이었으며, 혹한의 강풍 속으로 뛰어들며 탁한 연기 구름을 뿜어내는 몸이었다. 2003년 3월 휘트먼의 시는 그레그 바르톨로뮤Greg Bartholomew의 음악에 노랫말로 쓰였고, 시애틀 프로 뮤지카 Seattle Pro Musica 합창단의 아카펠라 공연으로 부활하게 된다.[20] 이제 인류세는 뮤지컬이었다.

인류세의 초기 몇 년, 그리고 가속화된 삶의 속도가 무엇을 함의하

그림 3.8. 마크 트웨인
(1835~1910), ca. 1907

그림 3.9. 월트 휘트먼
(1819~1892), 매튜 브래디
의 사진 작품

그림 3.10. 에밀리 디킨슨 (1830~1886), 은판 사진법 으로 찍은 사진, 1846~1847

는가는 미국 시의 무대 전면에 튀어나온 주제였다. 에밀리 디킨슨Emily Dickinson은 사후인 1896년 처음 발표된 작품 「선로 위의 기차The Railway Train」에서 기차를 말에 비유했다. 수 마일을 단숨에 질주하고, 계곡들을 핥고, 급수역에서 자신을 먹이고, 정지하기 전까지는 내내 울음소리를 내는 "자기만의 마굿간에서 만능인" 말. 기차는 살아 숨 쉬는, 필요와 감정과 힘을 지닌, 사람 같은 존재였다. 그 사물은, 미국 인 자신들보다 더 강력하면서도 인간의 손을 타지 않으면 무력하기만 한 어떤 존재에 의해 자연이 잠식되는 사건 앞에서 숱한 미국인들이 가졌던 이중적인 감정을 반영하고 있었다.[21]

그게 몇 마일을 단숨에 질주하는 모습을 난 보고 싶어

그리고 계곡을 죽 핥고

그리고 급수역에서 멈춰서 자신을 먹이고

그러고는 어마어마한 넓이로, 내딛는 모습을

산들의 주위를

그리고, 으스대며, 응시하는 모습을

길가에 늘어선 판잣집들을

그러고는 채석장의 부스러기를

옆면을 맞추고, 간신히 기어가느라

진저리나는 고함의 운율로

내내 불평만 늘어놓는 모습을

그리고 언덕을 따라 내려가는 모습을

그리고는 보아너게 형제들Boanerges처럼 울음을 뽑아내고

그런 후, 별처럼 제시간에 딱 맞춰,

멈추는 (고분고분하면서도 만능인) 모습을

자기만의 마굿간에서.

로버트 프로스트는 『서쪽으로 흐르는 시내West-Running Brook』
(1928)에서 발표한 시편 「지나가는 시선A Passing Glimpse」에서 거친 숨
소리를 내는 기차를 타고 이동할 때 잃어버리는 시각 경험과 다른 경
험들을 한탄했다. 프로스트는 멈춰서 기차에서 내린 후 길가의 꽃들을
바라보고 싶었다. 그들의 이름은 곧 사라져 버렸는데 기차가 미친 듯
돌진하며 지나쳐 버렸기 때문이다. 이 시는 테크놀로지가 잠식한 세계
를 파악하는 인간의 능력에는 한계가 있음을 상징적으로 표현하고 있
다.[22] 여기에서 논의한 다른 작가들처럼, 프로스트는 철도의 이미지와
증기기관의 엄청난 속도를 시의 재료로 써서 인류가 자연과 맺는 관계
의 쇠락을 통찰해 낸다. 인류세의 충격이 완연하게 그들을 짓누르기
시작하자 사람들은 이제 삶을 이해하는 데 어려움을 겪었다. 이 작가
들은 그러한 사태를 한탄한 것이다.

최근 문학

최근의 작가들도 계속해서 (인류세의 완연한 충격을 미리 보여주는) 증
기기관차를 거론하며 20세기에 인류의 삶이 어떻게 급변했는지 강조
하고 있다. 시인 게리 스나이더(1930~)는 1959년 작품 『사석과 차가운
산 시편Riprap and Cold Mountain Poems』에 실린 시인 「돌 정원A Stone

Garden」에서 기차에서 꿈을 꾸다 깨어 절망으로 가득한 미래를 마주치게 되는 이야기를 들려준다.

> 숲에서 도끼로 잘라내는 소리를 들은 줄 알았어요
> 그 소리에 꿈이 깼고, 그래서 기차에서 꿈을 꾸다 깨어났죠
> 그건 천 년 전, 일본의 어느
> 오래된 산속 제재소였던 게 분명하답니다
> 무절제한 시인들과 결혼하기 전 소녀들의 무리
> 그리고 난 그날 밤 곰처럼 도쿄를 배회했죠
> 지성과 절망이 가득한
> 인류의 미래를 추적하면서요[23]

『팅커 계곡의 순례자Pilgrim at Tinker Creek』(1974년)에서 애니 딜러드 Annie Dillard는 블루리지 산맥Blue Ridge Mountains 안쪽, 버지니아주 로 아노크 밸리Roanoke Valley의 자기 집 인근에서 일어난 변화를 묘사한 다. 자신의 평화롭고 아름다운 자연환경에 기차가 가져온 변화와 관련 하여, 그녀는 서던 레일로드Southern Railroad의 경영자가 직면한 문제 를 상상한다. 이 경영자는 버지니아주 린치버그Rynchburg시와 댄빌 Danville시 사이의 가파른 경사로를 기차의 차량이 올라가도록 해줄 엔

**그림 3.11. 애니 딜러드
(1945년 출생)**

진을 제조해야 하는 처지에 있다. 그는 막대한 비용을 감내하며 엔진 9000개를 생산할 수 있는 자금을 조달한다. "모든 리벳과 볼트가 단단히 고정되고, 모든 와이어가 꼬이고 싸이며, 모든 표시등의 바늘이 민감하게 반응하고 정확하도록, 각 엔진이 제조되어야만 한다." 엔진마다 속도를 관리하는 엔지니어도 있고 모든 기차가 제때 출고되지만 한 가지 문제가 있었다. 스위치를 조작하는 사람이 단 한 명도 없다는 것이었다! 인류세는 곧 부숴질 운명인 걸까?

엔진들은 부숴지고, 충돌하고, 탈선하고, 튕기고, 막혀 못 움직이고, 결국 불탄다. … 대학살이 끝날 즈음, 남은 엔진은 단 셋. 이 것들이 바로 애초에 함께 달릴 수 있는 것들이다. 이들은 수가 충분히 적어서 각각 달리는 길을 서로 피할 수 있다.

이제 당신은 이사회에 달려가서 당신의 성과를 그들에게 보이시길. 그러면 그들은 뭐라 할까? 그들이 무슨 말을 할지 당신은 이미 알고 있다: 철도 위를 달린다는 건 정말 굉장한 일이죠.

이것은 우주를 달리는 더 나은 방법일까?[24]

딜러드가 보기에 기차와 철도는 자연만이 아니라 자신이 속했던 공동체와 그녀 자신의 삶을, 그리고 언뜻 보기에 우주 그 자체를 탈바꿈시켰다.

기차는 지역적인 것에서 세계적인 것으로의, 평화로웠던 과거에서 날카로운 기계음 가득한 미래로의, 하릴없이 꽃밭 거닐기에서 쇠와 강철의 우주로의, 냉혹한 가속으로의 불가역적 이동을 상징한다. 그 화염과 분노fire and fury를 거느린 채 기차는 석탄과 석유로 움직이는 연기와 그을음 가득한 세계로, 인류세라고 불리는 어떤 미래로 우리를 끌고 들어간다.

2005년 존 맥피(1931~)는 《뉴요커New Yorker》에 두 부분으로 구성된 글을 썼는데, 제목이 「석탄 기차Coal Train」였다. 미국 전역에서 석탄이 철도를 따라 운송되는 과정 그리고 기후변화와 관련한 이 사안의 중대성을 논한 드라마틱하고 심오한 글이었다. 맥피는 엔지니어 스콧 데이비스Scott Davis, 지휘자 폴 피츠패트릭Paul Fitzpatrick과 함께 기차 여행을 하는데, 이들은 처음엔 텅 빈 5개의 엔진이, 어떻게 7433피트의 기차가 되어 달리고, 제어되고, 짐을 적재하는지 맥피에게 직접 가르쳐 준다. 그 기차는 캔자스주 메리스빌Marysville에서 출발해 서쪽으로, 몬태나주와 와이오밍주 사이 파우더강 분지Powder River Basin에 있는 블랙 선더Black Thunder 탄광까지 계속 이동하는데, 이 탄광은 미국 내에서 채굴되는 석탄의 40%를 책임지고 있다. 약 35대의 석탄 기차들이 파우더강에서 조지아주 마콘Macon 바로 외곽에 있는, 미국 내 최대 석탄 화력발전소인 로버트 W. 셰어Robert W. Scherer 발전소까지 끊임없이 왕복 운행을 하고 있다. 1970년 공기청정법Clean Air Act이 통과된 후 파우더강 지역의 석탄은 중요한 의미를 띠게 된다. 왜냐하면 이 지역 석탄은 "애팔래치아 지역의 석탄보다 유황 함량이 5분의 1 정도로 낮았는데… (이제) 발전소들은 법적으로 유황을 제거하지 않는 한, 저 유황 석탄을 태울 수밖에는 없었기 때문이다."[25]

맥피가 쓴 글의 두 번째 파트에서는 석탄을 적재한 기차가 파우더강 분지를 떠나 동쪽으로 이동하기 시작한다. 맥피의 전언에 따르면 그들은 "석탄 기차, 자동차 기차, 암석 기차, 곡물 기차"를 만나는데,

이들 중 많은 기차가 더 많은 짐을 싣기 위해 텅 빈 채로 돌아왔다. 맥피 일행을 실은 기차는 거대한 평야에서 선로에 오를 자기 차례를 기다리며 서 있는, 20마일에 걸쳐 줄지어 있는 기차들을 지나가게 된다. "자동차와 기차, 컨테이너들, 사탕무들을 끌고 가는 데는 직류 디젤-전기 기관차가 적합하지만, 무거운 석탄을 옮기는 데는 교류 디젤 기관차가 더 나은 방법"이라고 맥피는 쓴다. "석탄 기차는 너무나 무겁고, 그래서 기관차들이 전방에만 자리 잡는 경우엔 100대 정도로 제한되어야 한다."[26] 이처럼 계속되는 운반 과정에서 양산되는 어마어마한 양의 오염 물질은 기후변화와 인류세의 가속화를 거들게 된다.

『대혼란의 시대The Great Derangment: Climate Change and the Unthinkable』(2016)에서 아미타브 고시Amitav Ghosh는 "기술에 대한 지구온난화의 저항이 시작되는 곳은 깊은 지하, 즉 유기물질이 변신하는 곳, 그리하여 그 덕에 우리가 태양 광선을 집어삼키는 것이 가능하게 하는 곳"이라고 주장한다. 고시에 따르면 석탄과 석유는 작가들이 즐겨 묘사하는 물질이 아니다. 그 물질들은 "찐득찐득하고 지독한 냄새를 풍기며 우리의 모든 감각에 역한 느낌을 준다". 하지만 이 두 화석연료는 우리의 감정을 자아내는 방식에서 서로 다르다. 석탄 채굴 현장에서는 광부들 자체가 계급의 결속과 노동자의 저항을 고무하는가 하면, 19세기 후반기 식의 노동자 권리 확대를 촉진하는 전위이자 중심이다. 반면 고시의 소설 『이성의 순환The Circle of Reason』(1986)에서 묘사되는 석유 추출 현장은 퍽 비인간적인 느낌의 공간이자 철조망으로 요새화 된 높이 솟은 유정탑이다. "모래사장이 끝나는 곳에서 돌연 오일타운 Oiltown의 가시 박힌 철조망이 솟아올랐다. 철조망 반대편에서는 얼굴 들이 태연히 이쪽을 바라보고 있었다. 필리핀에서, 인도에서, 이집트 에서 온 얼굴들이, 심지어 한두 명은 레바논에서 온 얼굴들이, 그러니 까 세계 곳곳의 얼굴들이." 석유는 우리가 살아가는 삶의 환경을 바꿔 버렸다. 하지만 석유는 "우리의 상상적인 삶 속에서, 미술과 음악, 춤 이나 문학 속에서 그 어떤 존재감도" 없다. 그렇기는 하지만 예술과 문학이라는 수단을 통해 지구온난화를 묘사하는 시도들은 오늘 우리 가 마주하고 있는 문제를 인류가 극복해 내고 인간 간의, 또 지구상의 다른 존재들과 인간의 관계를 한층 더 가깝게 하는 데 도움을 줄 것이 라고 고시는 결론 내린다.[27]

인류세 시대의 자동차와 비행기

기차를 계승한 후발 교통수단, 즉 20세기 초의 자동차는 기차와는 달랐다. 인류세의 시대 환경에서 기차보다 훨씬 더 많은 온실가스를 배출할 운명이었지만, 자동차는 처음에는 더디고 무겁게 발전하는 양상을 보였다. 심지어 향후 대기오염을 엄청나게 증대시키게 될 새로운 형태의 자본주의적 비즈니스를 대표했을 때조차도 그랬다. 오늘날 미국 경제 내 교통 부문(자동차, 트럭, 선박, 기차, 비행기)의 온실가스 배출량은 미국 내 배출 총량의 약 27%를 차지한다. 자동차와 트럭에 의한 화석연료 소비량은 하이브리드 전기차, 자율주행 전기차들의 도입으로 절감될 수 있을 것이다.[28]

그러나 비행기는 다르다. 비행기는 매년 수천 배럴의 화석연료를 사용하고 있다. 미국 에너지정보국Energy Information Administration에 따르면 2017년 미국 항공사들은 1일 기준 139만 8000배럴의 제트연료를 집어삼켰는데, 이 수치는 세계 어느 국가와 비교하더라도 월등히 높다. 중국이 2위였는데 소비량은 1일 기준 38만 8000배럴이었다. 세계 제트기 연료 소비량은 1일 기준 약 550만 배럴이었다. 펜실베이니아대학교의 에린 로Erin Lo가 수행한 연구에 따르면 2016년 항공기에 의한 제트연료 소비량은 미국 내 교통 부문 온실가스 배출량의 12%, 전 부문을 망라하는 미국 내 온실가스 배출총량의 3%를 차지했다. "제트연료 소비량이 온실가스 배출 총량에서 차지하는 비중은 증가 추세에 있고, 세계화 탓에 계속해서 늘고 있다. 온실가스 배출량의 몫이 점차 증가한 탓에, 항공 산업은 탄소 배출 추세를 완화할 가능성이 있는 하나의 산업 부문으로 주목받는 신세가 되었다. 비록 협력 의도를 가지고 있긴 하나 많은 국가는 항공 표준과 온실가스 감축 목표에 대해 그 어떤 합의에도 도달하고 있지 못하다. … 내가 조사한 바로는 2030년과 2050년의 제트연료 소비 수준은 2013년 제트연료 소비 수준보다 각각 39.65%, 95.06% 더 높을 것으로 예측되었다."[29]

환경 저널리스트 프라치 파텔Prachi Patel에 따르면 바이오 연료를 사용하면 기후 온난화를 초래하는 기체 입자의 배출량을 최대 70%까지 줄일 수 있다. 바이오 연료에는 사실상 황이나 탄소의 화합물이 없고, 따라서 바이오-제트연료 혼합물은 온실가스 감축에 도움이 될 수 있다는 것이다.[30] 그러나 바이오 연료 사용과 의미에 관한 연구는 이제 막 시작되었을 뿐이다.

기후변화가 인류세의 결정적 특징이라면, 기후변화 대응 행동의 긴요성을 전하는 데 소설도 도움을 줄 수 있다. 바버라 킹솔버Barbara Kingsolver의 소설 『비행 행동양식Flight Behavior』(2012)은 유명한 생물종인 제왕나비가 기후변화로 인해 어떤 충격를 받는지 이야기한다. 이야기의 배경은 테네시주의 한 마을인데, 주인공은 하버드대학교에서 공부한 흑인 과학자로, 킹솔버가 묘사한 바로는 버락 오바마와 닮았다. 킹솔버는 이 소설을 미셸 오바마에게 보냈다. 그리고 2015년 2월 오바마 행정부는 제왕나비 구조 프로젝트에 320만 달러를 기부했고, 화학기업인 몬산토도 같은 프로젝트에 400만 달러를 기부하겠다고 선

언했다.[31]

미국 시인 앤 왈드먼Anne Waldman은 〈인류세 블루스Anthropocene Blues〉라는 제목의 시에서 인류세에 대한 우려와 걱정을 집약적으로 담아냈다. 시는 "인류세의 비극"을 말하고, 앞으로 다가올 "새로운 날씨"를 애통해한다. 그녀는 "기후의 슬픔"에 대해 쓰는가 하면, 우리의 세상을 구하는 데 우리 자신이 실패하고 마는 것은 아닌지 자문한다. 그녀는 이렇게 결론짓는다. "당신을 향한 내 사랑이 당신을 위해 노래하네요. 세상이여, 그러한 인류세 블루스가 내 안에는 있답니다."[32] 리버풀대학교의 샘 솔닉Sam Solnick은 인류세 시대에, 인류세에 관해 시를 쓴다는 것이 어떤 의미인지를 질문한다. 2016년에 출간된 저서 『시와 인류세』에서 솔닉은 우리의 세상을 구해낼 새로운 방법을 생각하도록 도와줄 시와 인문학이 필요하다고 주장한다.[33]

오리건주 포틀랜드Portland의 애덤 트랙슬러Adam Trexler는 2015년 『인류세의 픽션: 기후변화 시대의 소설Anthropocene Fictions: The Novel in a Time of Climate Change』을 썼다. 그는 기후의 변화가 삶의 다른 면모를 전부 집어삼켜 버리는 이 새로운 시대에는, 삶의 의미를 찾아내는 최고의 방법 가운데 한 가지가 다름 아닌 소설이라고 주장한다. 기후의 변화가 일상의 경험에 드리우는 의미가 더욱더 중차대해져 가는 시대이기에 현재 어떤 변화가 일어나고 있는지, 그것이 인간 실존

에 무엇을 의미하는지 파악하도록 소설이 도움을 준다는 것이다.[34]

2016년 문학과 환경 연구 협회ASLE는 《문학과 환경 분야 다학제 연구Interdisciplinary Studies in Literature and Environment》잡지의 특집 주제 "인류세의 문학"에 들어갈 원고의 기고를 요청했다. 이 특별호는 독자들과 작가들에게 깊이 생각해 보라는 어려운 숙제를 부여했다. 이 새로운 지질학적 시대에 문학이 어떻게 대응할 수 있을지를, 인류세 시대에 인류 모두가 직면한 문제를 해결해 가는 데 작가들과 시인들이 어떤 도움을 제공할 수 있을지를.[35]

인류세 시대의 여성과 젠더

여성의 지위와 젠더라는 문제는 인류세 시대의 문학에서 중차대하다. (실제로 어떤 이들은 새로운 시대를 남성세Androcene, 가부장세Patriarcha-locene, 또는 남근세Phallocene라고 불렀다.)[36] 인류세(또는 남자의 시대)라는 시대 대신, 이제 여성세Gynocene라는 시대로 진입해야 한다. 여성들이 정책에, 정치권력의 장에 참여해 기후변화를 해결하는 데 도움을 줄 시대 말이다. 브라질 산타카타리나연방대학교Federal University of Santa Catarina의 멜리나 페레이라 사비Melina Pereira Savi와 그녀의 동료들은 기후변화로 인해 가장 많이 영향받는 이들은 여성이라고, 특히 개발도상국가나 섬과 해안 지대에 거주하는 여성이라고 주장한다. 해수면이 상승함에 따라 해안과 강변 지대는 거주 불가능한 지역으로 변질되고 있고, 그에 따라 수많은 이가 고지대를 찾아 내륙으로 거주지를 옮겨야만 한다. 그렇지만 그 고지대는 이미 인구밀도가 높고, 그런 고지대마저도 희박하기만 하다. UN에 따르면 환경 파괴의 영향을 가장 크게 받고 생태적 재앙으로 인해 가장 많이 박탈당하는 집단은 다름 아닌 여성이다. 여성은, 특히 개발도상국의 여성은, 먼 지역에서 물을 옮기고, 땔감을 모으고, 고갈된 토양에서 농작물을 키우느라 과거에 비해 더 많은 시간과 에너지를 투자해야 하는 처지에 있다. 자신들의 삶과 지구 자체에 의미 있는 변화를 일으킬 힘을 여성이 보유해야 한다.[37]

여성과 자연 간의 역사, 그리고 양자 간 문화적 연관성을 검토하고 판별해 내는 에코 페미니즘은 이 새로운 시대 속에서 여성의 역할이 무엇인지를 이해하는 데 특히 중요한 의미를 띤다. 멜라나 페레이라 사비는 에코 페미니즘 저작을 펴낸 제인 베넷Jane Bennett의 말을 인용한다. 베넷은 인류세야말로 살아 있는 신체의 주인들living bodies의 생명력이라는 측면에서 이 세계를 다시 생각해 볼 수 있는 기회라고 주장한다. 비인간 존재자들과 생태적 힘들은 그들 자체가 인간이 통제할 수 없으며, 반드시 중시되어야만 하는, 변화를 일으키는 행위자들

agents of change이다. 베넷은 이렇게 질문한다. "만일 우리가 (인간 아닌) 신체의 주인들의 생명력을 진지하게 고려한다면, 공적 문제를 처리하는 정치의 대응이 어떻게 변모하게 될까?" 인간 아닌 독립적 실체들, 이를테면 폭풍, 금속, 먹을거리, 상품 같은 독립적 실체들은 "인간의 의지나 설계를 그저 방해하거나 가로막는" 것뿐 아니라 "자기만의 궤도와 성향과 경향을 지닌 힘이나 유사 행위자로서 활동"할 수 있다. 텍스트 역시 변화로 이어질 수 있는 통찰, 의미, 자각으로 인간을 인도할 수 있다.[38]

사비는 인류세 속의 젠더와 문학에 관한 분석을 다음과 같은 논평으로 결론짓고 있다. "인문학도 그렇지만 오늘의 문학 판은, 지금 어떤 사건들이 일어나고 있는지, 인류세라는 시대로 (물론 인간이라는 변수에 맞추어) 세계를 이끌었던 실천들을 우리가 계속 간과할 경우 어떤 사건이 일어나게 될지, 경고하고 숙고하고 사색하는 작품들로 넘쳐나고 있다." 인류세 시대 지구의 미래를 개선하는 데 더 바람직한 방식의 행동을 인류가 창출하는 데, 새로운 윤리와 행동 양식은 도움이 될 것이다.[39]

수많은 이가 계속해서 인류세 시대의 문학에 관해 쓰고 있다. 라라 스티븐스Lara Stevens, 페타 타이트Peta Tait, 드니스 바니Denise Varney가 편집한 책 『페미니스트 생태학: 인류세의 변모하는 자연환경Feminist

Ecologies: Changing Environments in the Anthropocene』(2018)은 에코 페미니스트적 사유를 인류세 담론에 연결한다. 알레산드로 마킬렌티Alessandro Macilenti의 책『인류세의 특징 말하기: 21세기 이탈리아 문학 작품 속의 생태적 퇴보Characterising the Anthropocene: Ecological Degradation in Italian Twenty-First Century Literary Writing』(2018)는 화학적 오염, 토지 변형, 공포스러운 미래의 기후라는 렌즈를 통해 이탈리아의 자연을 소상히 살펴보고 있다. 앨리스 메이저Alice Major의『인류세에 오신 것을 환영합니다Welcome to the Anthropocene』는 미래에서 우리를 기다리고 있는 세상에 관한 매혹적인 시편들을 보여준다. 이 모든 책과 시는 인류가 기후변화의 흐름을 뒤바꾸면서 우리의 삶을 지속가능하도록 단호히 대응하게 만들고, 행동하지 않을 경우 닥치게 될 미래에 관해 경고하고 있다.[40]

결론을 말하자면 문학은 인류세 시대의 인간적 면모가 무엇인지 우리가 이해하는 데 도움을 줄 수 있다. 그것도 지구상의 자연, 생명과 우리 자신 간의 상호작용에 심대한 영향을 미치는 식으로 말이다. 꽃들과 목초지를 순식간에 지나가는 철도 위의 삶의 가속화부터, 자동차와 비행기에 의해 야기된 스모그와 오염의 증대까지, 현실의 여러 면모를 보여주며 문학은 인간이 더는 자연을 통제하고 있지 않음을 인식하도록 도와줄 것이다. 자연은 자율적이고 반응적인 존재이며, 우리는 기후변화와 온실가스를 취급하는 새로운 방식으로, 새로운 동반자 관계를 가능하게 하는 방식으로 자연과 상호작용 해야만 한다. 개발도상국 작가들의 문학 작품의 역할, 북반구와 남반구 간 불평등한 기후변화의 원인과 징후를 다룬 분석과 예화는 이 책의 내용을 넘어서 세계 곳곳에 메시지가 전파되도록 도울 수 있을 것이다. 21세기의 시와 소설은 인류세 시대의 문제를 점점 더 많이 반영하게 될 것이다. 또 미래의 인간과 비인간 생명체들과 자연 그 자체를 살려낼 해결책을 어떤 식으로 도입할지, 그 방법을 점점 더 많이 제시하게 될 것이다.

4장
종교

기존 종교와 개인의 영성도 인류세에 대한 비판적 시각을 제공하고 있다. 종교사학자 메리 에블린 터커Mary Evelyn Tucker가 지적한 것처럼 "종교와 생태학은 학계 안에서 하나의 '분야'를, 더 큰 사회 안에서는 하나의 '세력'을 형성하고 있다. (…) 이 분야는 인류세, 환경 인문학과 관련된 현 사회적 담론에 핵심적 참여자이다".[1] 이 장에서는 기후변화 추세를 완화한다는 과업에서 주요 종교들이 어떤 역할을 수행하는지 검토한다. 또 어떤 식으로 여러 형식의 영성들이 개인의 행동을 안내하는 도덕 지침이 될 수 있는지도 검토한다. 인류세는 온실가스를 대기권으로 배출하고 기후변화를 유발하는 것들에 관한 개념인 만큼, 종교와 영성은 해독제와 억지력을 대변한다. 지속가능 에너지원 공급 사업에서 다른 국가를 원조하고, 개별 교회 차원에서 태양광 패널 설치 운동을 벌이는 등, 다양한 행동이 사태를 변화시킬 수 있다. 새로운 지속가능성의 시대에는 태양열, 풍력, 수력 발전 같은 재생가능 에너지원이 화석연료를 대체할 것이다. 지역에서 지역 노동자들이 제작한 태양광 패널과 풍력 터빈들은 기업들의 탄소 오염에 대한 대안을 제시한다. 주류 종교의 종파 내에서도, 대안적 형태의 영성을 통해서도 이러한 목표를 성취할 수 있을 것이다.

기독교와 서구 문화

1967년에 발표한 획기적인 한 에세이에서 역사학자 린 화이트 주니어Lynn White Jr.는 중세 시대에 등장한 서구의 기독교를, 인간의 자연 지배를 정당화한 종교로 보았다. 이에 대한 하나의 대안으로 린 화이트는 자연의 관리 책임stewardship을 맡은 수호성자 아시시Assisi의 프란치스코 성자를 제시한다. 린 화이트는 이렇게 주장한다. "특히 서구에서 그런 성격이 짙은데, 기독교는 세계에 출현한 종교들 가운데 가장 인간 중심적인 성격의 종교이다. (…) 고대의 이교, 아시아의 종교들과 절대적으로 대비되는 기독교는 (…) 인간/자연 이원론을 확립했을 뿐 아니라, 자신들이 정한 타당한 목적을 위해 인간이 자연을 착취하는 행위가 신의 의지라고도 주장했다."[2] 기독교는 인간이 자연과 나/당신I/Thou 관계를 맺는다는 비-기독교적 사상에 도전했는데, 이 관계 속에서는 움직이는 것이든 아니든 모든 존재자가 살아 있었다.

인간이 어떤 나무나 동물을 파괴하거나 "살아 있는" 금속을 취하려고 땅을 파헤친다면, 자연은 응분의 반격을 할지도 모른다. 자기중식적인 화폐 본위 경제를 떠받치기 위해 광석을 캐내는 과정에서 지구가 파헤쳐졌고, 기독교가 지배적 종교로 등극했던 16세기에 자연은 그 자체가 평가절하 되면서 자본의 한 원천으로 인식되었다. 내가 1980년에 쓴 (같은 제목의) 책에서 주장했듯, "자연의 죽음"은 이제 시계 제작자, 엔지니어, 수학자와 동일했던 신과 관련되었다.[3] 아이작 뉴턴은 1687년 저작 『자연철학의 수학적 원리』에서 갈릴레오 갈릴레이, 르네 데카르트, 로버트 보일의 지상 기계학(역학)과 니콜라우스 코페르니쿠스와 요하네스 케플러의 천문학 법칙을 종합한다. 우주는 무언가를 수확하거나 채굴할 때 달래고 화해해야 하는 살아 있는 유기체가 더 이상 아니었다. 우주는 죽어 있고, 불활성 상태이며, 착취 가능한 일종의 기계일 뿐이었다.

서유럽에서 르네상스와 종교개혁 시대에 등장했던 주류 기독교 전통은 16세기와 17세기 유럽인들의 식민지 정착기에 세계 각지로 그 세력을 펼친다. 개인의 구원, 죄로부터의 자유라는 관념이 밝은 빛의 사후세계에 대한 희망의 실체였다. 비록 개신교와 가톨릭은 20세기 후반까지 자연보존 운동의 흐름과 그 어떤 수준에서도 만난 적이 없지만, 현재 주류 종교들에는 지속가능성이라는 주제에 관한 근래의 자각

이 있다.[4]

종교와 생태학

르네상스와 종교개혁 이후 발흥했고 과학 혁명기부터 지금까지 널리 퍼졌던 서구 문화권의 주류 서사는, 에덴동산의 믿음직한 관리인 stewards인 인간이 잘 관리되는 일종의 에덴동산으로 지구 전체를 재창조한다는 서사였다.[5] 그러나 지구온난화는 인간이 지구환경을 관리할 가능성과 자연환경의 변화 그 자체를 예측할 가능성 모두를 어렵게 하고 있다. 점점 뜨거워지는 세계가 사람들, 특히 가난한 사람들과 다른 생명들에게 가하는 충격을 완화하고, 변화에 대응하는 새로운 방법을 모색하는 동안, 세계의 주류 종교들은 고대의 사유 전통과 영적 뿌리들에 자신들이 이끌려 감을 자각하게 되었다. 기후변화 대응이라는 과업에서 종교가 중심적인 역할을 수행하는 것은 이제 예외적인 일이 아니라 당연한 일로 여겨지고 있다.

미국과 미국 이외의 지역에서 종교 단체들은 기후변화를 유발하는 온실가스 문제에 새떼가 모여들 듯 모여들고 있다. 실제로 바하이 Baha'i, 불교, 기독교 에큐메니컬, 그리스 정교, 유니테리언, 토착 영성 단체, 이슬람교, 유대교, 퀘이커교 등 미국 내 모든 주요 종교 분파들이 기후변화 대응 사업에 나서고 있는 모양새이다.[6] 이러한 흐름에 있는 집단 가운데 가장 규모가 큰 집단의 일부는 종교 간 연합 단체로서, 사람들은 교리와 신조를 넘어 연대하며 기후변화 같은, 합의 가능하고 대응 행동이 가능한 구체적인 문제에 집중하고 있다.

캐서린 제퍼츠 쇼리Katharine Jefferts Schori는 전 해양학자이자 전 성공회 수석 주교이다. 2008년 성공회는 워싱턴주 벨뷰Bellevue에서 '우리의 행성 지구를 치유하기Healing Our Planet Earth, HOPE'라는 제목의 컨퍼런스를 개최했는데, 쇼리는 이 행사의 발언자 가운데 하나였다. 컨퍼런스에서는 모든 교회, 회당, 종교시설에서 향후 10년 안에 온실가스 배출량을 50%까지 감축하자는 합의가 도출되었다.[7]

뉴저지주의 그린페이스GreenFaith 같은 종교 간 단체들도 대거 기후 행동에 나서고 있다. 그린페이스의 목적은 "다양한 신앙을 가진 사람들과 종교 단체들을" 조직함으로써 "자연의 성스러움과 그들 자신이 맺는 관계를 키우고, 지구를 위한 행동에 나서도록 하는 것"이다. 이러한 목표와 더불어, 그린페이스는 뉴저지주 전체에서 재생가능 에너지로의 전환을 촉진하고 있다. 예컨대 이 단체는 뉴저지주 내 20개의 신앙 관련 장소에 태양광 패널을 설치하는 사업에 적극적으로 협력하고 있다. 기업 책임에 관한 종교 간 센터Interfaith Center on Corporate Responsibility는 "지구온난화 흐름을 뒤바꾸는 것"을 하나의 최우선 과

제로 삼고 있다.[8]

전국기독교교회협의체National Council of Churchs는 개신교, 성공회, 정교회 회원 4500만 명을 자랑하는데, StopGlobalWarming.org의 주요 파트너이기도 하다. 또 몇몇 큰 복음주의 네트워크의 경우도 비슷한 수의 신도들이 참여하고 있다. 이들 단체 가운데 하나인 복음주의 기후 이니셔티브Evangelical Climate Initiative는 「기후변화: 복음주의자의 행동에의 요청」이라는 성명에 서명한 85명 이상의 미국 복음주의 지도자로 구성되어 있다.[9]

학계 역시 기후변화가 생태계와 인류에 영향을 끼치고 있는 시대의 흐름에 발맞추어 기후변화 연구·대응 단체를 꾸리고 있다. 예일대학교의 종교생태포럼The Forum on Religion and Ecology은 타인·자연환경과의 상호작용에 필요한 도덕적 프레임을 구축하는 데 종교가 중차대한 역할을 해야 함을 강조한다. 이 단체는 종교학, 과학, 환경정책 간 교차 지점에 관한 학문적·대중참여적 담론을 진흥하고 있다. 하버드 세계종교연구센터Harvard Center for the Study of World Religions에서는 매리 에블린 터커Mary Evelyn Tucker와 존 그림John Grim이 800명이 넘는 학자·환경운동가들이 참여하는 10회의 연속 컨퍼런스를 조직했다. 이 컨퍼런스의 결과물로서 이들은 9권으로 된 시리즈북 『세계의 종교와 생태학Religions of the World and Ecology』을 편집했다. 이들의 최근 저작

그림 4.1. 존 그림(1946년 출생)과 메리 에블린 터커(1949년 출생)

『생태학과 종교Ecology and Religion』(2014)는 시리즈북에서 찾아낸 여러 통찰을 이해하기 쉬운 형식으로 뽑아내 대중에게 제공하고 있다.[10]

　메리 에블린 터커는 「종교와 생태학의 신종 연대」라는 글에서, 세계 주요 종교들과 토착 사상 전통들이 어떤 해방적 접근법으로 생태적·사회적 변화를 촉진하고 있는지 소상히 검토한다. 그녀에 따르면 기성 종교들은 자연의 리듬과 생태적 관계 속에 사람들이 견고히 뿌리내리게 함으로써 사람들의 윤리와 책임을 증진시키는 제도적 역량을 보유하고 있다. 각국 종교 지도자들은 세계 도처의 육지와 바다, 강과 숲과 사막에서의 생태·환경 문제를 강조하고 있다. 교회의 신도들은 자연환경의 퇴보라는 문제의 복잡성, 생태적 공동체를 복원해야 할 당위에 관해 교육받고 있다. 주일 예배 내 의례는 신이 만든 지구를 보전하는 방법과 그 필요, 개인적 구원에 관해 사람들을 일깨울 수 있을 것이다. 또 교회의 담장을 넘어 펼쳐지는 여러 사회적 행동은 기후 정의와 평화를, 생태적 실천의 진정성을 강화할 수 있을 것이다. 종교 간 서비스와 컨퍼런스를 진흥하는 기관으로는 뉴욕 유니언신학교 Union Seminary의 지구윤리센터Center for Earth Ethics, 뉴저지주의 그린피스, 시애틀의 지구부Earth Ministry, 시카고의 페이스 인 플레이스Faith in Place 등이 있다.[11]

2007년 4월 게인스빌Gainesville 소재 플로리다대학교는 종교, 자연, 문화 연구 국제학회International Society for the Study of Religion, Nature, and Culture 창립 기념 컨퍼런스를 개최했다. "인간, 인간의 다양한 환경, 문화, 종교 간 관계에 관한 비판적 연구"를 진흥한다는 목표를 표방한 학회였다. 이 컨퍼런스에는 세계 각국의 학자들이 참석해 자연과 문화에 대한 새로운 종교적·영적 접근과 개입이 어떻게 기후변화 같은 환경 문제의 해결에 도움을 줄 수 있는지 논의했다.[12] 이 학회에서 발행하는 잡지 《종교, 자연 그리고 문화Religion, Nature, and Culture》는 2007년 3월부터 발간되기 시작했는데, 다음과 같은 질문들을 연구·조사하기 위함이었다. 인간들 사이에 성립하는 관계란 어떤 것들이며, 종교·자연·문화라는 용어에는 어떤 의미가 부여되는가? 한 생물종으로서의 우리 자신과 (그 안에서 우리가 살아가고 있는) 생물권 같은 장소 사이에 성립하는 윤리적으로 적절한 관계란 무엇인가?

가톨릭 교단의 경우, 교황 베네딕토 16세가 주교, 과학자, 정치인들을 향해 "창조를 존중"하라고, 다른 한편으로 "지속가능한 발전의 필요성에 집중"하라고 촉구한 바 있다. 이를 성취하기 위해 베네딕토 16세는 기후변화를 최우선 의제의 하나로 삼을 것을 권고했다. 2007년 4월 26일부터 27일까지 바티칸에서는 기후변화와 발전에 관한 컨퍼런스를 개최했다. 교황청 정의평화위원회Pontifical Commission on Justice and Peace가 개최한 이 컨퍼런스에는 40여 명의 참가자와 40여 명의 참관인이 참석했는데, 이들은 학자, 과학자, 환경 장관, 가톨릭 주교와 성공회 주교, 가톨릭 교단의 대표, 약 20개 국가를 대표하는 다른 성직자 등이었다.[13] 수많은 신학자와 성직자들은 기독교 교회들이 공식적으로 발표하는, 환경에 관한 회칙과 세계 교회 차원의 환경 성명이 필요하다고 역설했다.

2017년 5월, 도널드 J. 트럼프 대통령이 교황청을 방문했을 때 베네딕토 16세의 후임 교황으로 즉위한 프란치스코 교황은 트럼프 대통령에게 2015년에 나온 「찬미 받으소서: 공동의 집을 위한 돌보는 일에 관한 프란치스코 교황 성하의 회칙Laudato Si: On Care for Our Common Home」을 보여준다. 이 회칙은 과학과 종교가 힘을 모아 기후변화에

그림 4.2. 교황 베네딕토 16세
(1927년 출생)

맞서야 한다고 촉구하고 있다.[14] 기후변화 대응행동은 중남미 열대 우림을 구하고, 세계 전역에서 지속가능한 발전을 진흥하고자 하는 프란치스코 교황의 오래된 노력의 일환이다. 프란치스코 교황은 자신의 이름을 '아씨시의 프란치스코'에서 따왔는데, 아씨시의 프란치스코는 동굴과 산속과 은거지에 거주하며 세계의 모든 피조물을 위해 기도했던, 동물과 생태계의 수호성인이다. 하지만 2017년 6월 트럼프 대통령은 2015년 합의에 이르렀던 파리기후협약에서 미국이 탈퇴할 것이라고 발표한다. 그렇지만 미국은 2020년까지는 공식적으로 탈퇴할 수는 없다.[15]

급진 가톨릭 신학자 로즈메리 래드퍼드 루에더Rosemary Radford Ruether는 개발도상국 내에서 진행되는 기업 주도의 세계화에 맞서고 있다. 루에더는 환경적으로 지속가능한 방식의, 지역 기반 소규모 비즈니스를 옹호한다. 대지주들과 부유한 기업들은 이윤을 획득하려는 의도로 빈자들의 자원을 착취하고 그들의 노동력을 뽑아내고 있다. 루에더가 보기에, 지구 남반구의 발전 방식을 바꿔내는 일이 바로 윤리적·종교적으로 책임 있는 방식을 통한, 억압받는 이들의 삶을 개선하기 위한 첫걸음이다. 녹색·재생가능 에너지원, 공정한 먹을거리 분배, 살림살이 유지를 위한 지역 자원 사용, 그리고 영적 전통의 보존. 바로 이런 것들이 개발도상국 국민들이 자신들의 삶의 수준을 향상할 방법이다. 기후변화와 맞서 싸우는 과업은 소외된 사람들의 삶을 개선하겠다는 정신적·영적 의지와 통합되어야 한다.[16]

미네소타주 북부 소재 화이트 어스 보호구역White Earth Reservation 출신의 아니시나베Anishinaabe 활동가이자 아너 디 어스Honor the Earth의 집행 이사이기도 한 위노나 라듀크Winona LaDuke는 (특히 미국 선주민 보호구역에서 그러한데) 화석연료 개발 사업에 맞서 투쟁했던 아메리카 선주민 지도자이다. 수많은 다른 아메리카 선주민 가운데에서도 그녀는 노스다코타주 소재 스탠딩 록 수 보호구역Standing Rock Sioux Reservation을 가로질러 (캐나다에서) 텍사스로 이어지는 키스톤Keystone 파이프 라인 확장 공사에 반대 목소리를 냈다. 그녀는 이렇게 말했다.

"이제 화석연료에서 벗어나야 할 때이다. (…) 매일 또는 매주 새로운 누수가, 화석연료 산업 현장에서의 새로운 대재앙이, 지속적이며 점점 커져만 가는 기후변화라는 대재앙이 일어나고 있다." 그녀의 말은 이어졌다. 더욱이 "내가 보기엔 (…) 이 사람들에게는 파이프 라인은 필요하지도 않다. 저들에게 필요한 건 태양이고 바람이다. (…) 저들에게는 (…) 풍력 7급의 바람이 이미 있다. 저들이 필요한 건 집집마다 내리쬐는 태양이고 태양열이다. 저들에게는 사람을 위한 집이, 에너지 정의가 필요하다".[17]

세계의 선주민들은 산봉우리를(종종 이곳은 빙하로 덮여 있다) 성소로 여긴다. 기후변화의 결과로 만년설이 녹고 빙하가 사라지는 모습을 목격한다는 것은 여러 문화권에서 트라우마로 남을 일이다. 빙하는 파괴적인 힘일 수도 있고 생명을 주는 힘일 수도 있는데, 따라서 의례를 통해서 그 신령을 편안하게 해주어야 한다. 산의 신령들은 생명을 주는 물을 책임지고 공급하지만, 어쩌면 그들이 품은 사람들을 버릴지도 모를 일이다. 그렇기에 오늘날 마을 주민들은 빙하에 접근하려는 이들을 제한하고 커다란 얼음덩어리를 캐낼 수 없도록 함으로써 물 공급원인 빙하의 보전을 위해 더 많이 노력해야 한다. 산봉우리 주위의 문화와 마을의 존립을 보장하려면 오래된 생활양식과 의례와 부합하는 새로운 실천이 필요하다.[18]

동양 종교

앞에서 논의한 종교단체들의 목표는 많은 점에서 옛날 아시아에서 발달한 훨씬 더 오래된, 형이상학적 성격의 신앙들, 즉 도교, 불교, 선불교, 한두교, 유교, 그리고 중국, 일본, 인도 사상 내의 수많은 종파와 전통과 공명한다. 이들 동양의 종교들은 기후위기에서 벗어나 지속가능성의 시대를 향해 나아가도록 세계를 이끌어 줄 환경 윤리의 지침으로서의 개인 윤리를 제공할 수 있을까?

동양 종교들은 근본적 전제 개념precept인 '에너지'에 근거를 둔 사유 방식을 선보인다. 따라서 이 종교들은 과정, 변화, 재생가능한 '녹색' 에너지원에 기반을 둔 세계를 만들어 낼 가능성을 보유하고 있다. 타인들을 향한 개인의 행동은 확장될 경우 지구 전체에 이익이 되는 집합 행동을 포용할 수 있다. 도교의 기원은 기원전 4세기로서 자발성, 변화, 자비심compassion을 특징으로 하는 '도道'라는 개념을 깔고 있다. 한편 불교는 인도에서 기원전 6세기에서 기원전 4세기 사이에 발생했는데, 붓다는 명상을 통해 깨달음을 얻고는 중생을 고통에서 구제하는 과업에 그 여생을 헌신했다. 선불교는 깨달음과 알아차림mind-fulness에 이르기 위해 명상, 자기 통제, 내적 성찰을 강조한다. 한두교는 기원전 500년에서 기원전 300년 사이 인도에서 시작되었다. 법法, dharma은 도덕적 의무와 그 의무의 이행을 통해서 성취되는 올바른

길 또는 영원한 길을 뜻한다. 유교는 중국 철학자 공자(기원전 551~ 기원 전 479)의 사상에서 발원했다. 인간은 근본적으로 선한 존재이며, 배움에 힘쓴다면 바람직한 방식으로 덕을 수양하고 선행을 실천하며 살아갈 수 있다는 사상이다.

생태 인문학과 관련하여 제기되는 주요한 질문은 이러하다. 이 종교 사상들은 비착취적인 방식의 삶을, 미래 세대를 위한 환경 복원을 지원한 적이 있을까? 또 미래에도 그렇게 할 수 있을까? 이 종교들이 자신과 타자에게 이로운 도덕적인 행동을 강조하긴 했지만, 그럼에도 많은 학자는 지난 수백 년간 아시아 각국 정부들의 행동이 환경 측면에서 긍정적이지 않았다고 평가한다. 요아힘 스판겐베르크Joachim Spangenberg와 마크 엘빈Mark Elvin에 따르면 현재 중국은 자연환경을 가장 심각하게 오염시키는 국가에 속한다. 일본은 화석연료를 수입하는 국가이자 해양 오염을 일으키는 주요 국가이며, 인도의 대기 오염, 수질 오염, 쓰레기 축적량은 세계 최고 수준이다.[19] 그렇긴 하지만 아시아 국가들에서 오랫동안 존속된 전통 윤리는 21세기에 인류사회가 기후변화의 흐름을 뒤집고 지속가능성을 달성하도록 도와줄 환경 윤리와 행동 방식을 제시할 수 있을 것이다.

동양의 철학은 (일부 서구 철학과도 유사한데) 변화, 과정, 에너지, 전환이라는 기본 개념들에 뿌리를 두고 있다. 특히 도교와 유교의 철학은 인류세에서 벗어나 지속가능성의 시대로 우리를 이행시켜 줄, 환경적으로 윤리적인 길을 찾는 데 길잡이가 될 만하다. 도교는 지식, 윤리, 자연환경 연구에 대한 대안적 접근을 제공한다. 그 자체로 도교는 과정 지향적일 뿐만 아니라 기후위기와도 윤리적 연관성이 있다. '도Tao'는 세계의 밑바탕을 이루는 에너지이다.[20] 기원전 6세기 중국에서 '나이 많은 스승'인 노자老子, Lao Tzu는 『도덕경Tao Te Ching(더 현대적인 영어 발음은 'Dao De Jing')』이라 알려진 고전적 아포리즘 모음집을 썼다. 노자는 (실천 윤리 철학을 발전시켰던 인물인) 공자와 동시대 사람인데, 수 세기에 걸쳐 노자와 그의 도교 철학이 '기층민' 속으로 파고든 반면, 유교는 중국의 엘리트 관료들에게 더 호소력을 발휘했다. 기원후 6세기 말에 이르면 도교는 연금술, 치유술, 대중 마술 그리고 궁극적으로는 자석 나침반과 화약 같은 과학적 성취를 수혈받아 대중 종교 교단으로 확립된다.[21]

도道 또는 '길The Way'은 궁극의 현실인 동시에 가시적인 사물들의 밑바탕에 흐르는 일자一者, One이다. 하나의 우주적 과정으로서, 도는 우주 전체에 흐르는 길이다. 도교주의자들은 이동과 복귀, 확장과 수축의 운동을 부단히 반복하는, 순환하는 움직임 속의 패턴을 관찰하며, 전체 속의 변화와 흐름을 강조한다. 인간의 지知로는 도를 완전히 이해하는 것이 결코 불가능하다고 하지만, 사람들은 자연을 관찰하여 그것의 나아감을 발견해 낼 수는 있다. 도교의 비분석적이고 직관적이며 과학적 접근 방식은 자연 세계를 관찰함으로써 전환과 변화, 성장과 쇠퇴, 삶과 죽음을 통찰한다. 도교의 방법은 반대되는 면모들과 내적 긴장과 자발성을 강조하며 상반되는 것들을 연결한다. 그리하여 음과 양은 끊임없는 변화 속의 양극이다. 양은 적극적인 것, 음은 수용적인 것을 대변한다. 양은 밝은 것, 음은 그늘진 것이다. 양은 빛이고, 음은 어둠이다. 양은 남성이고, 음은 여성이다. 양은 굳세고, 음은 유연하다. 양은 하늘이고, 음은 땅이다…. 신체는 음과 양, 안과 밖, 앞과 뒤 사이의 균형이다. 기氣, Ch'i, qi는 음의 기맥을 따라 흐르며 양의 장기들을 통괄하는 지속적 운동인 생명 에너지이다.

탈고전적인 과정과학에서 그렇듯, 도는 세계의 밑바탕을 이루는 에너지이다. "도가 생산하는 것, 그 에너지가 활성화하는 것, 바로 그것으로 자연은 형태를 지니고, 자연의 힘은 성립한다. 그러므로 도에 경의를 표하지 않거나 그 에너지에 존경을 표하지 않는 것은 존재하지 않는다." 이 도는 "낳되 자기를 위해 어떤 것도 소유하지 않고, 행하되 그 행동에 기대지 않으며, 키우되 자기만의 길을 고집하지 않는다. 이것은 진실로 에너지의 미묘함이다".[22]

주거니 받거니 하는 활동으로서의 변화, 에너지라는 개념은 인류세의 함의에 관한 논의에서 근본적인 중요성을 지닌다. 흐름과 움직임은 바람, 물 같은 새로운 형태의 재생가능 에너지의 기초이며, 앞으로 화석연료를 대체할 태양광 패널에 의한 태양광 흡수의 기초이기도 하다. 개인과 단체, 지역사회가 서로 대화하며 지속가능한 방식의 변화를 창출해 내는 과정 기반의 세상이, 석탄과 석유를 캐내겠다고 지표면을 줄곧 뚫어대는 세상보다 훨씬 더 나은 모델이다.

개인들의 사회적·우주적 귀속성을 강조하는 실용 철학인 유교는 생태적 방식의 삶을 위한 기초이기도 하다. 유교에 따르면 개인은 자신만의 덕을 수양해서 더 큰 전체와 자신과의 관계를 잘 형성해야 한다. 자연은 천지인天地人 삼재가 서로 만나는 과정들, 그 셋의 관계들로 구성된 하나의 통일체이자 도덕적인 선이다. 생명은 성하고 쇠하는 행위 속에서 부단히 자신을 재생해 낸다. 인간은 불균형을 초래하지 않도록 자연을 돌봐야만 한다. 실용적인 측면에서 보면 인간은 정성을 다해 곡물을 심고, 거두고, 저장하면서, 또 땅에 물을 대고, 물을 보존하는 가운데 여러 인간적 필요와 주택의 필요를 충족해야만 한다. 인간은 물, 토양, 공기의 오염을 상쇄하기 위한 모든 노력을 해야만 한다. 성장과 사회 발전 간 균형을 맞추기 위한 노력의 일환으로서 녹색 기술과 대체 에너지 체제는 지구의 미래를 위한 필수요소이다. 이와 같은 생각들은 기후변화, 자원 고갈, 오염 문제를 다루는 지속가능성의 환경 윤리를 위한 기초가 될 수 있다.[23]

서구에서는 영국의 철학자 알프레드 노스 화이트헤드Alfred North Whitehead(1861~1947)가 명쾌한 언어로 정리한 과정철학, 캘리포니아 신학자 존 콥John Cobb과 데이비드 레이 그리핀David Ray Griffin이 발전 시킨 과정신학이 에너지 문제를 연결하여 태양 영성solar spirituality의 새로운 빛을 제공하고 있다. 과정철학의 시원은 하버드대학교에서 가르쳤던 화이트헤드, 그리고 시카고대학교에서 근무했던 콥의 지도교수 찰스 하츠혼Charles Hartshorn의 철학이다. 과정철학에 따르면 에너지가 우주의 기본인 것처럼 "과정이 근본적으로 중요하다. 모든 것이 과정 속에 있다고 주장하지는 않는다. (…) 하지만 실제적인 것이 된다는 것은 곧 과정이 된다는 것이다". 과정철학은 하나의 원자나 분자가 그것이 맺는 관계들과 무관한 채 근본적으로 동일한 물질로서 유지된다는 기계론적 관념에 도전한다. 과정철학에 따르면 원자는 다양한 관계(또는 컨텍스트들) 속에서 다양한 자기 성질을 취득한다. 원자는 상이한 분자 배열 속에서 상이한 자기의 성질을 취득하게 되는데, 그건 원자가 속하게 되는 새로운 구조가 곧 새로운 환경이기 때문이다. 이런 식으로 과정철학은 내적 관계들(이 안에서 실체들은 상호작용 속에서 변질된다)에 관한 생태적 (에너지 기반) 이론으로서, 실체들이 기계와 다를 바가 없다고 보는, 즉 독립적이고 불변하며 외부와 맺는 관계를 통해서만 서로 영향을 끼친다고 보는 당구공 모델을 대체한다. 따라서 원자와 분자는 조작되고 제어될 수 있는 기계가 아니라 그 안에서 무언가가 살고 또 상호작용 하는 일종의 생태계로 인식되어야 한다.[24]

그리하여 과정신학은 생태주의적 태도와 조화를 이루고 따라서 인류세에 내재하는 자연 지배에서 벗어나려는 운동과도 조화를 이루는데, 다음 두 가지 점에서 그러하다. ① 과정신학을 제시하는 이들은 "사물 간의 상호연결성, 특히 유기체들과 그들을 둘러싼 환경 전체 간의 상호연결성"을 인정하고 ② 과정신학 자체가 "다른 피조물들에 대한 존중이나 존경 그리고 아마도 그 피조물들과의 동족 의식"을 시사한다는 점이다. 콥과 그리핀은 과정철학이 생태적 윤리를, 나아가 사회 정의와 생태적 지속가능성을 위한 정책을 함축한다고 주장한다. "자연 전체가 우리에게 참여하고 우리가 자연 전체에 참여한다. 우리를 움츠러들게 하는 것은 인도 소작농들의 비참함만은 아니다. 그것은 고래와 돌고래 살육 (…) 자이언트 레드우드 '수확'이기도 하다. 온대지역의 농기술이 열대지역 농업에 이식되면서 초지가 인간도, 동물도 살아갈 수 없는 사막으로 변질될 때, 우리는 더욱더 움츠러든다."[25]

2015년에 출간된 저작 『전례 없는 사건: 이산화탄소 위기에서 문명은 살아남을 수 있을까?Unprecedented: Can Civilization Survive the CO2 Crisis?』에서 데이비드 레이 그리핀은 과정신학에 대한 자신의 입장을 기후 위기라는 주제에 적용한다. 그리핀은 화석연료를 근절하는 것이 인류의 필수 사항이고 청정에너지 체제를 발전시킴으로써 2035년까지 청정에너지 80%에, 2050년까지 청정에너지 100%에 도달할 수 있다고 주장한다. 그리고 이 목표에 도달하려면 미국이 그 길을 선도하는 것이 중차대하다고 지적한다.[26]

아칸서스 신학자이자 콥과 그리핀의 제자인 제이 맥대니얼Jay McDaniel이 보기엔, 물리 세계 전체가 고유한 가치를 지니고 있다. 원자는 개별 사물로서 고유한 가치를 가지고 있다. 암석은 자기의 원자들에 내재된 에너지를 외부로 표현하고 있다. 암석 역시 비록 살아 있는 유기체보다는 적지만, 강렬한 효과를 낼 수 있는 성질과 고유한 가치를 가지고 있다. 바깥에 드러난 형태는 내적 에너지의 한 가지 표현물이다. 그러나 암석이 고유한 가치를 가지고 있다는 가정은 암석과 감정의 주체들이 반드시 동등한 윤리적 가치를 가진다는 것을 의미하진 않는다. 그보다는 이들 모두를 존경심을 품고 대할 것임을 의미한다. 이러한 점을 인식한다면 기독교인들은 자연에 대해 새로운 태도를 취할 수 있을 것이다. 객관적이면서도 깊이 있는 공감 능력을 발휘하는 태도, 그리하여 인류세의 생태적 파괴로 인한 최악의 결과물을 극복하는 강력한 방법이 될 태도 말이다.[27]

맥대니얼은 「과정철학과 전 지구적 기후변화」라는 논문에서 이렇게 말한다. "거주지가 어디든 우리는 자비롭고, 평등하고, 모두가 참여하며, 회복력이 풍부하고, 생태적으로 지혜롭고, 영적으로 충족되며, 그 어떤 것도 뒤에 남겨두지 않는 석유 시대 이후의 '전환적' 지역 사회 건설에 기여할 수 있다. 이러한 사업에 참여하는 일이란 그 자체로 신명나는 일일 것이다."[28] 한 걸음 더 나아가 맥대니얼은 이렇게 촉구하고 있다. "우리는 탐욕을 미덕으로 격상하고, 자비심을 폄하하는 기업 권력과 화석연료 산업에 대항하는 캠페인을 벌일 수 있을 것이다. 반대로 각 지역 주민들이 자기 삶에 영향을 주는 결정을 직접 내릴 수 있는 힘을 쟁취하도록 전 지구적 권력 전환을 위한 캠페인도 벌일 수 있을 것이다. 만일 우리가 아브라함 종교 전통(유대교, 기독교, 이슬람교)에 속하는 사람이라면, 이 같은 행동을 군주제와 권력을 비판하고 대안적 사회를 위해 애쓰는 예언자 지향의 실천으로 이해할 수도 있을 것이다."[29]

기후변화에 맞서는 종교와 행동

종교는 기후변화에 맞서는 행동을 어떤 식으로 고무할 수 있을까? 그 방식을 보여주는 더 많은 사례가 있을까? 지속가능성의 희망을 제시해 주는 사례가 과연 있을까? 2017년 11월 독일 본Bonn에서 열린 국제 기후 회의에 맞추어 수많은 단체는 유럽 전역을 순회하며 기후변

화와 지속가능 발전이 어떻게 연결되는지에 관해 시민의 자각을 증진

했다. 남미의 선주민 지도자들도 이 순회에 함께했는데, 이들은 "땅은

신성"하다고 말했다. 온두라스 선주민 연맹National Indigenous Alliance

부회장 칸디다 데렉 잭슨Candida Dereck Jackson은 이렇게 말한다. "우리

는 수천 년간 숲을 돌봐왔다. 우리는 어떻게 하면 그들을 보호할 수

있는지를 알고 있다." 이들 단체는 땅이 지닌 권리에 대한 존중, 자연

환경을 훼손하는 범죄의 인정, 산림 보호에 관한 직접 협상, 선주민

활동가에 대한 범죄자 낙인의 철폐 그리고 외부인이 개발 행위를 하기

전에 사전 동의를 얻어야만 한다는 규정을 요구하고 있다.[30]

미국에 본부를 둔 단체인 '인터페이스 파워 앤드 라이트 캠페인Inter-

faith Power and Light Campaign'은 스스로를 "지구온난화에 맞서는 하나의

종교적 대응 기구"로 여기고 있다. 미국 내 40개 주에 거주하는 약

2만 명의 신도들로 구성된 이 단체는 교회와 다른 종교 단체들이 자체

탄소 배출량을 감축하고, 시설물에 태양광 패널을 설치하고, 신도들을

교육하도록 지원하고 있다. 이들은 또한 화석연료에 기반한 기업에게

더는 지원이 가지 않도록 힘써왔다. 뉴멕시코주 인터페이스 파워 앤드

라이트 집행이사 조앤 브라운Joan Brown에 따르면 "기후변화는 우리

시대가 안고 있는 가장 거대한 윤리적·도덕적·정신적 과제이다".[31]

연합 그리스도 교회United Church of Christ의 브룩스 베른트Brooks

Berndt 목사는 이렇게 말한다. "내가 발견한 바로는, 실제로 사람들의 마음을 움직이는 건 세 가지 위대한 사랑이다. 먼저 이웃에 대한 사랑이 있다. 지금 기후나 환경오염이 야기하고 있는 실제적인 현재진행형의 고통을 당신은 알고 있고, 일단 그런 앎을 갖추게 되면 당신의 마음은 움직이게 된다. 또 하나는 창조에 대한 사랑이다. 즉, 우리의 자연 세계에서 무엇이 어떻게 죽어가고 있는지 주의를 기울이며, 동물의 멸종, 바다의 산성화, 산림 파괴에 대해 관심을 두는 것이다. 마지막의 사랑, 내가 알게 된 제1의 모티브는(비록 모든 사람이 이런 모티브를 가지는 건 아니지만) 아이들에 대한 사랑이다."[32] 베른트 목사의 주장에 따르면 신앙 공동체는 윤리·정의 문제에 대응할 수 있는 풍부한 언어를 가지고 있고, 그러한 언어 덕분에 사람들은 동료 인간들과 다른 살아 있는 생물들에 영향을 미치는 기후변화의 부정의를 알아볼 수 있다.

무슬림 신앙 공동체들도 기후변화에 맞서는 행동에 나서고 있다. 모로코의 에너지 효율을 책임지고 있는 아메드 부지드Ahmed Bouzid는 마라케시Marrakech에서 가장 오래된 건물에 속하는 쿠토비아 모스크 Koutoubia Mosque 내의 전력이 이제는 태양 에너지에만 의존하고 있다고 말한다. 2017년 1월 유엔 기후정상회의가 열리기 전인 2016년 11월에 설치된 이 태양광 패널들은 건물 지붕 전체를 뒤덮고 첨탑 끝까지 뻗어 있다. 600개의 모스크 건물이 향후 몇 년간 쿠토피아 모스크 모델을 따를 예정이다. 이런 식으로 모스크의 행사에 참석할 때 사람들은 변화라는 흐름을 향해 자신들의 마음을 열게 될 것이다.[33]

환경운동 네크워크인 창조를 위한 돌봄Caring for Creation은 지구가 인류에게 하사된 신의 선물이라고, 따라서 인간은 지구를 돌볼 필요가 있다고 주장한다. 지구를 돌본다는 것은 곧 지구의 생명을 존속시킨다는 뜻이다. 창조를 위한 돌봄은 인간이 신과 맺는 관계를 키워낸다. 캐서린 헤이호Katherine Hayhoe 박사가 말하듯 "기후변화 효과는 균일하지 않아서, 빈곤 계층과 취약 계층에게 더 크게 영향을 주고 있다. 돌보고 사랑해야 한다는 기독교적 요청의 대상인 바로 그런 사람들에게 말이다".[34]

세계의 위대한 종교들의 지혜와 선주민들의 가르침은 유엔의 지구헌장Earth Charter에 녹아들어 있다. 이 헌장의 최종본은 유엔 총회 General Assembly의 승인을 받아 2000년에 발표되었다. 이 헌장은 1992년 리우데자네이루 지구정상회의Earth Summit의 팔로업으로서 지속가능한 미래를 위한 원칙과 목표를 헌장에 제시하고 있다. 인류가 현재 "지구 역사상 중대한 순간"에 와 있으며 "지구를 돌보고 인간들도 서로를 돌보는 글로벌 동반자 관계를 창출해 낼지 아니면 우리 자신과 다양한 생명체들이 파괴되는 위험에 직면할지" 선택해야만 하는 현실에 이 헌장은 응답하고 있다.

지구 헌장의 서문에는 '지구, 우리의 집'이라는 제목의 섹션이 포함되어 있다. "인류는 진화하고 있는 거대한 우주의 일부이다. 우리의 집인 지구는 독특한 생명의 공동체를 품고서 살아 숨 쉬고 있다. 자연의 힘은 살아가는 행위를 어렵고도 불확실한 모험으로 만들지만, 지구는 생명의 진화에 절대적으로 필요한 조건들을 제공해 왔다. 생명 공동체의 회복력도, 인류의 복지도 모두 건강한 생물권을, 생물권 내의 모든 생태계들과 풍성한 식물들과 동물들을, 비옥한 토양과 청정수와 청정 공기를 보전하는 일에 좌우될 것이다. 지구 자연환경이 한정된 자원을 보유하고 있다는 사실은 모든 이의 공통된 관심사이다. 지구의 생명력, 다양성, 아름다움을 보호하는 과업은 신성한 사명이다."[35] 세계인들이 승인한 이러한 목표는 분명, 모든 생명을 위한 건강한 장소로서 지구가 보전되고 지속될 수 있다는 자신감과 그에 따른 행동에 끊임없는 영감의 원천이 되어줄 것이다.

영성은 인류세 시대의 기후변화에 대응하는 주요한 방법이 될 수 있다. 주류 유대-기독교 종교부터 이슬람, 동아시아 지역의 영성 그리고 세계 곳곳의 선주민들의 신앙과 실천까지 (영적) 에너지원의 변화가 일어날 수 있다. 지구의 이익, 모든 사람(특히 가난하고 힘없는 이들)의 공공이익 같은 이상적 가치야말로 행동을 위한 윤리적 기초이다. 점점 더 많은 사람들이 자신의 영적 신념을 발휘해 자신이 속한 지역과 공동체들에서 변화를 만들어 낸다면, 희망은 있다. 그렇게 되면 21세기 중반쯤 세계는 재생가능 에너지와 새로운 지속가능성의 시대를 향해 난 길의 모퉁이를 돌고 있을지도 모른다.

5장
철학

21세기 인류는 지금 패러다임 전환이라는 격통 속에 있다. 이 전환은 카오스·복잡성과 관련한 새로운 과학의 출현, 인류 모두의 미래에 파국으로 다가올 기후변화가 촉발하고 있다. 이 장에서 나는 서구 세계에서 나타난, 카오스·복잡성에 관한 담론의 역사를 살펴본다. 지진, 화산, 쓰나미, 감염병에서 잘 드러나듯 제멋대로이고 규칙을 따르지 않으며 예측 불가능한 힘이라는 자연의 문제도 살펴본다. 그 영향 범위가 지구적이고 결과는 누적되는 양상을 보이는 인류세 시대의 기후변화라는 주제, 그리고 그것이 불확실성을, 예측가능성의 한계를 어떻게 반영하는가라는 주제에 집중한다. 인류세에 대응해 가는 새로운 (사상적·실천적) 방법들이 우리의 미래에 긴요하다는 점을 분명히 밝히려 한다.

구글플렉스의 플라톤

2017년 12월 19일. 플라톤Plato과 내가 캘리포니아주 마운틴 뷰 Mountain View에 있는 구글 본사를 방문한 날이다. 이날 오전 11시 30 분에 구글 본사 주차장에 도착했는데, "예비 엄마들을 위한 자리"(황새 가 새끼들을 옮기고 있는 이미지)라는 표지판, 여러 줄로 늘어선 전기차 충전소와 자전거 보관소 탓에 극히 적은 수의 자동차만 주차가 허용되 는 곳이었다.

나는 한 손에 레베카 뉴버거 골드스타인Rebecca Newberger Goldstein 이 쓴 『플라톤, 구글에 가다Plato at the Googleplex』의 사본을 들고 있었 는데, 이곳에서 나를 안내해 주기로 한 존 마코프John Markoff와 한스 피터 브론드모Hans Peter Brondmo에게 보여줄 책이었다. 다른 한 손에 는 철학에 관한 글들이 담긴 가방이 들려 있었다.[1] 어찌 되었든 플라톤 의 관점은 데이터 분석의 시대인 현대 맥락에서의 '정보'와 기원전 5세 기 그리스의 맥락에서의 '지식'의 관계를 이해하는 데 중차대하다. 이 두 가지 방식의 앎 모두 인류세 시대에는 긴요하다.

'철학이 사라지지 않는 이유'에 관한 레베카 골드스타인의 흥미 만 점의 책에서, 플라톤(기원전 427~ 기원전 347)은 자신의 신간을 구글 직 원들에게 홍보하기 위해 어느 여행 가이드와 함께 구글 본사를 방문한 다. 북토크 시간을 기다리는 동안, 플라톤(고대 그리스의 관복 복장을 하고

그림 5.1.과 5.2. 구글 본사 주차장

있음)과 여행 가이드 셰릴Cheryl은 구글 엔지니어 마커스Marcus와 함께 커피를 마신다. 대화 중간에 셰릴은 플라톤에게, 만일 알고 싶은 뭔가가 있으면 그 주제를 그저 "구글링"하기만 하면 된다고 설명한다. 플라톤은 모든 지식이 이곳 구글 본사에 실재한다는 것에 의구심을 표한다. 아뇨. 셰릴은 다시 설명한다. 지식은 실제로 이곳 구글에 있는 게 아니라 "클라우드 속에" 저장되고 있어요. 이 말에, 플라톤은 매우 흥분해서는 더 많은 것을 알고 싶어 한다.[2]

클라우드, 즉 구름은 플라톤이 생각했던, 순수 형식이나 이데아로 이루어진 실제 세계를 상징한다. 이 실제 세계를 가장 강력하게 보여주는 것은 플라톤이 보기엔 수학이고, 그 후로는 오늘날의 클라우드 컴퓨팅이다. 구름과 대비되는 것은 동굴로, 그 동굴의 벽면에서는 실제 사물의 그림자들만, 그리하여 순수 형식이 아닌 현상들만 보인다.[3] 고대 그리스에서 순수 형식의 (실제) 세계에 대한 상징인 구름에 관한 관념은 플라톤의 스승인 소크라테스Socrates와 관련이 있다. 사실 그리스 극작가 아리스토파네스Aristophanes(기원전 750년 출생)는 지식이나 사유 과정과 연관성이 있는 구름이라는 관념을 조롱하는데, 그의 작품에서 소크라테스는 바구니를 탄 채 구름에서 내려온다.[4]

플라톤은 지식이 클라우드 속에 저장될 수 있다는 점에 흥분할 뿐만 아니라, 모든 지식을 찾아내는 일이 어떤 식으로 가능한지 알고

그림 5.3.과 5.4. 캐럴린 머천트가 『플라톤, 구글에 가다』를 들고 구글 본사를 방문했다. 2017.12.19.

싶어 한다. 엔지니어 마커스는 사용자가 제기하는 질문에 응하는 검색 엔진이 무수한 결과를 찾아낸 후 관리 가능한 순서로 정렬해 낸다고 설명한다. 모든 지식을 구글이 집적하고 있다고, 마커스는 자랑스럽다는 듯 말한다. 플라톤 그 자신도 알고 있겠지만 지식이란 좋은 것이라고. 그러나 바로 이 지점에서, 플라톤은 고개를 푹 숙이고는 매우 부드러운 어조로 속삭인다. "그건 정보죠, 지식이 아니라."[5]

플라톤의 방문이 막바지에 이를 무렵, 과연 구글이 윤리적 질문에 답을 제공할 수 있는가라는 질문이 제기된다. 어떤 도덕적 딜레마에 관해 사람들이 투표를 할 때 중요성을 달리 부여하는 식으로, 검색 엔진은 윤리 문제를 해결할 수 있을까? 만일 대다수 사람이 방탕한 삶이 곧 좋은 삶이라고 생각한다면, 검색 엔진은 그와 같은 답변을 도출할 것이다. 그렇게 되면 "어떤 삶이 살 만한 가치가 있는 삶인가?" 같은 질문은 (플라톤의 『국가Republic』에서 그렇듯) 윤리 전문가가 답변하는 것이 아니라 "윤리적 답변 검색 엔진Ethical Answers Search Engine, EASE"이 답변하게 될 것이다. 마커스에 따르면 크라우드-소싱crowd-sourcing에 의해 윤리적 답변이 도출되는 데 사용되는 방법은 다름 아닌 수학이다. 하지만 이들이 강의실을 향해 걸어갈 때(당연히 걷기는 플라톤이 최고의 사유를 하는 방식이다. 즉, 소요하며 사유하기) 플라톤은 윤리적인 질문은 '쉽게 답변될 수 없다cannot be answered with ease'는 자각으

그림 5.5. 바구니를 타고 구름에서 내려오는 소크라테스, 16세기 판화

로 셰릴을 은근히 안내한다. 하지만 최종 질문은 또 남는다. "그 'ease' 는 대문자 'EASE'일까, 아니면 소문자 그대로의 'ease'일까?"[6]

플라톤의 북토크에 참석한 구글러들은 거칠다 싶을 정도로 열광 상태에 있다. 사실 이들은 전부 "그리스 관복을 입고 있는 두 사람이 그려진" 티셔츠를 입고 있는데, "그들 중 하나는 손가락을 위로 치켜들고 있고, 다른 하나는 손바닥을 아래로 향하게 하고 손을 앞으로 내밀고 있다". 물론 첫 번째 인물은 플라톤이며, 그의 손가락은 추상적 지식의 원천인 순수 형식을 지시하고 있다. 다른 인물은 아리스토텔레스 Artistotle로, 그가 보기엔 형식은 물질성을 갖는 사물 자체에 이미 내재

그림 5.6. 라파엘로가 그린 〈아테네 학당〉에 등장하는 플라톤(왼쪽)과 아리스토
텔레스(오른쪽)

되어 있다.[7]

　이 티셔츠의 그림은 사실 인류세의 근본적 딜레마를 보여준다. 만일 우리가 (그 '클라우드'에 지식이 저장되어 있는) 컴퓨터와 검색 엔진에 의해 제어되고, 1과 0으로써 설명되는 플라톤적 수학의 세계에 살고 있는 것이 맞다면, 인간은 궁극적으로 자연을 통제할 권력을 가지고 있는 걸까? 만일 수학 방정식과 컴퓨터 알고리즘을 활용해 미래를 예측할 수 있다면, 우리는 자연의 운명을, 그리하여 우리 자신의 운명을 통제할 수 있을까? 화석연료 사용량을 감축하고 온실가스의 집적을 멈추게 만들 윤리적 선택과 결정을, 결국엔 우리가 할 수 있을까?

　반대로 만일 지식이 (아리스토텔레스의 주장에서처럼) 물질세계에 내재되어 있고 그 물질세계가 온실가스로 인해, 즉 인간이 가한 압력의 결과로 변질되고 있다면, 인류는 자신의 궁극적 죽음, 인간을 포함한다는 의미에서 새로운 '자연의 죽음'을 향해 달려가고 있는지도 모른다. 이 딜레마를 해결할 어떤 윤리적 해법이 있을까? 인류가 자초한 파국이 아니라 지속가능한 미래로 이어질 철학적·정치적 선택을 과연 인류는 할 수 있을까? 고대 그리스와 로마의 철학자들은 새로운 지속가능성 시대를 위해 어떤 식으로 철학을 다시 생각해야 좋을지에 관한 해답의 실마리를 제공해 준다.

인류세의 시대에 철학을 다시 생각하기

고대 그리스와 로마의 철학자들은 인간이 외부 세계와 맺는 관계에 관해 다음과 같은 근본적인 질문을 제기했다.

1. 존재론적 질문: 세계는 무엇으로 구성되어 있고, 변화는 어떻게 일어나는가?
2. 인식론적 질문: 우리는 어떻게 아는가?
3. 윤리적 질문: 우리는 무엇을 해야 하는가?

모든 시대에 사람들은 이와 같은 질문을 제기하고 또 답변을 제시했지만, 고대 그리스와 로마의 철학자들은 현 인류세의 시대에 특히 중요한 의미를 띤다. 인류세가 과학 기술을 통한 인간의 자연 통제의 소산이라면, 그리하여 화석연료 연소로 인해 온실가스가 대기권에 배출된다면, 그러한 인간의 시점으로 철학사를 재고할 수 있을까? 그럴 수 있다면 어떤 식으로 가능할까?

인류세와 그 미래와 관련해 가장 중요한 한 가지 고대 철학 학파는 기원전 6세기와 5세기, 소아시아에서 활동한 '자연학자들'이다. 고대 메소포타미아 철학자들은 마르두크Marduk(천둥, 물, 초목, 마법의 신) 같은 신들의 행동 때문에 변화가 초래된다고 생각했지만, 그와 달리 밀레투

그림 5.7과 5.8. 에페수스의 헤라클레이토스(기원전 540~기원전 475, BCE)(왼쪽)와 엘레아의 파르메니데스(기원전 504년이 전성기)

스학파는 '세계는 무엇으로 구성되어 있는가?'라는 질문에, 제1원리로 물질 요소를 지목함으로써, 또 사건을 예측하는 보편 법칙을 파악함으로써 답했다. 기원전 585년이 생애의 전성기였던, 소아시아 이오니아 철학자인 밀레투스의 탈레스Thales가 보기에, 저 질문에 대한 올바른 답은 "모든 것이 물이다"였다. 비는 땅에 떨어지고, 땅에서 비는 식물이 자라고 삶이 지속되도록 돕는다. 그런 후에는 증발해서 구름이 되는데, 구름이 되어서는 다시 땅을 적시는 비를 생산해 낸다. 지구는 물 위에 떠 있는 순환하는 원반이라고, 탈레스는 말했다. 아낙시메네스Anaximendes(기원전 546년이 전성기) 같은 다른 밀레투스 학자는 제1의 원리가 '공기'라고 주장한 반면, 같은 밀레투스 학파의 아낙시만드로스 Anaximander는 그것이 '무한'이라고 주장했다.[8]

'세계는 무엇으로 구성되어 있는가?'라는 존재론적 질문에 대한 답변을 제공하는 물질적 구성 요소 외에, 변화나 과정의 문제 역시 인류세 인간의 미래에 근본적인 중요성을 지닌다. 고대 그리스-로마 세계에서, 이 질문을 진지하게 고민한 최초의 철학자는 에페수스Ephesus의 헤라클레이토스Heraclitus이다. 그의 주요한 공헌은 "모든 것이 변화All is change"라는 언명에서 찾을 수 있다. 모든 것이 움직이는 상태에 있다. "당신은 같은 강물에 두 번 발을 담그지 못한다. 다른 그리고 또 다른 물줄기들이 끝없이 흘러들어 오기 때문이다." 유일한 상수는 변한다는 사실뿐이다. 바로 이것이 훗날 헤겔이 관념적 변증법으로, 마르크스와 엥겔스가 물질적 변증법으로 정리했던 변증법dialectic의 개념이다. 변증법으로서의 변화라는 개념, 즉 인간과 자연 사이를 오고 감이라는 개념은 20세기의 대기와 물이, 인간의 온실가스 배출을 통해 어쩌면 불가역적인 방식으로 근본적으로 변질되고 만 것인지, 그 여부와 관련해 매우 중요하다.[9]

미래와 관련하여, 그리하여 인류세와 관련하여 중차대한 또 한 명의 그리스 철학자는 남부 이탈리아 지역인 엘레아Elea의 파르메니데스 Parmenides이다. (헤라클레이토스의 공헌과는 상반되는) 그의 공헌은 세계

그림 5.9와 5.10. 아크라가스의 엠페도클레스(기원전 444년이 전성기) 와 압데라의 데모크리토스(기원전 450년 출생)

는 존재로 구성되어 있으며, 변화는 전혀 없다고 주장한 것이었다. 만일 이것이 진실이라면, 어떤 것도 진화할 수 없고 더 나은 세계를 위한 희망도 없을 것이다. 파르메니데스는 자신의 주장을 이렇게 틀 지었다. "존재는 있고, 비존재는 있지 않다Being is and Not-Being is not." 이것은 동일성의 법칙이다. 즉 'a는 a'라는 것으로, 이것은 논리적 사유의 기초이자 수학 그 자체의 기초이다. 이와 유사한 방식으로 파르메니데스는 비모순성의 법칙도 만들었다. 'a는 비a이다'라고 말할 수는 없다는 법칙이다. 논리는 사유와 동일하다. 반면 의견은 비사유와 동격이다. 파르메니데스의 논리는 수학의 기초이며, 따라서 오늘날 우리가 그 안에서 살고 있고, 구글플렉스의 토대인 1과 0의 디지털 세계의 기초이기도 하다.[10]

시칠리아 아크라가스Akragas의 엠페도클레스Empedocles, 소아시아의 아낙사고라스Anaxagoras(기원전 510~기원전 428), 트라키아 압데라Abdera 의 데모크리토스Democritus 같은 '원자론자들atomists'은 텅 빈 공간을 따라 이동하는 물질 입자들을 살피며 사유했는데, "존재는 있고, 비존재는 있지 않다"는 파르메니데스의 주장과는 상반되는 입장을 과감히 고수했다. 비존재도 존재하며, 그것은 공백void 또는 공간space이라고 불린다는 것이다. 입자 또는 원자는 텅 빈 공간을 따라 이동하며, 그리하여 변화를 야기한다. 엠페도클레스가 보기에, 사랑의 과정과 투쟁의 과정은 네 가지 요소(흙, 공기, 불, 물)에 작용해서 변화를 빚어낸다.[11] 데모크리토스는 양적 원자주의quantitative atomism 개념을 도입했다. 원자, 즉 'a-tom'이라는 단어는 "자를 수 없는not-cuttable"을 의미한다. 비존재도 이런 식으로 존재하는데 그것은 '공백void' 또는 '공간space'이라고 불린다. "존재한다는 것"은 원자이거나 공간(공백)임을 의미한다. 원자는 끊임없는 움직임 속에 있다. 변화란 곧 원자들의 결합과 분리다.[12]

이러한 고대 그리스 물질론자들의 뒤를 이어, 17세기와 18세기에 이르면 고대 그리스의 원자들은 르네 데카르트의 미립자corpuscles, 토머스 홉스의 원자atoms, 아이작 뉴턴의 딱딱한 덩어리 입자hard massy particles가 되고, 종국에는 산업화 시대의 원자와 분자molecules가 된다.[13] 인류세라는 개념도, 훗날 부패하여 화석연료(오늘날 연소되고 있다)가 되는 죽은 유기물 그리고 산 유기물(생물)의 탄수화물의 구성요소인 탄소 원자들로 세계가 구성되어 있음을 인식함으로써 성립된다.

헤라클레이토스의 변화 개념과 파르메니데스의 논리 개념은 인류세를 이해하고 인류세를 벗어나는 길의 토대이다. 변화는 현재 우리가 살아가고 있는 물리 세계를 말해준다. 한편 논리와 숫자는 수학의 실제 세계를 말해준다. 언제나 불완전한 방식이긴 하지만, 숫자도 물리 세계를 설명해 줄 수 있다. 고대 세계의 철학자들은 수학의 아름다움과 그 한계를 모두 발견했다. 사모스Samos의 피타고라스Pythagoras가 소상히 설명했듯, 우주의 기초는 수numbers이며, 수는 영원불변이다. 수는 존재, 본질, 물질이다. 수는 신성하며 영원하다. 수치적 비율이 음악을, 구의 조화를 만들어 낸다. 악보는 2:1=옥타브, 3:2=5도, 4:3=4도 같은 수치적 비율로 구성된다. 지구의 주위에서 자신만의 궤도를 도는 행성들은 음률을 발산하고 있다.[14]

피타고라스가 이집트(그리고/또는 메소포타미아)에서 가져온 피타고라스의 정리는, 직각삼각형의 (빗변 아닌) 두 변의 제곱의 합이 빗변의

그림 5.11. 사모스의 피타고라스
(기원전 578경~기원전510경)

제곱과 같다고 말하는 아름다운 방정식이다($a^2+b^2=c^2$, 예컨대 $3^2+4^2=5^2$).
이 숫자들은 모두 정수이자 유리수이다. 그러나 피타고라스학파는 머
지않아 자신들 우주 체계의 토대 전체를 뒤엎는, 형용할 수 없는 끔찍
한 진리를 발견하게 된다. 어느 정사각형(각 변의 길이가 1인)의 대각선
길이가 무리수라는 진리였다. 다시 말해 2의 제곱근은 1.414214······
로 끝없이 이어지는 수이다. 따라서 세계는 합리적이면서 비합리적이
고, 논리적이면서 비논리적이다.[15]

파르메니데스와 플라톤은 구글플렉스가 전형적으로 보여주는 디지
털 우주의 존재론적 근거를 제공하고 있다. 피타고라스학파와 다른 이
들이 발전시킨 수학과 논리학의 예측가능성을 통해 인간이 자연을 통

제할 수 있다는 인류세적 사상도 전형적으로 이 디지털 우주를 보여주고 있다. 반대로 초기 원자론자들과 아리스토텔레스는 우주가 물질적이며, 기술로써 통제가능 하다는 사상을 제공한다. 하지만 우주가 근본적으로 역동적이고, 변화하며, 종종 예측할 수 없는 존재라는 헤라클레이토스의 생각과 피타고라스적 이단의 비이성적 요소는 어떤가? 인류세를 다시 생각하게 할, 그리하여 인간이 복잡하고 변모하는 자연과 상호작용 할 수 있게 할 방도가 그 안에 있을까? 온실가스 배출 속도를 늦추고 인류세를 넘어 재생가능 에너지 경제로 나아가게 할 방도가 그 안에 있을까?

기계론적 과학과 예측가능성

인간이 자연을 통제할 수 있는 시대로서의 인류세는 현대 세계의 중차대한 문제가 되었다. 17세기의 과학 혁명은 니콜라우스 코페르니쿠스Nicolaus Copernicus, 티코 브라헤Tycho Brahe, 요하네스 케플러Johannes Kepler의 천문학 이론과 갈릴레오, 데카르트, 로버트 보일Robert Boyle의 지상 기계학(역학)을 하나로 엮었다. 1687년에 발표된 아이작 뉴턴의 『자연철학의 수학적 원리』는 기존의 기계학 법칙들을 종합하여 세 가지 운동 법칙과 중력의 법칙을 설명하는 단일 체계로

만들어 냈다. 실험과 기술, 그리고 그것들과 수학의 접목 덕에, 인류는
인간의 복지를 위해서 지구를 변화시킬 수 있었다.[16]

뉴턴과 더불어 신의 본질에 관해 논쟁하며 (미적분) 계산법을 공동으
로 개발했던, 뉴턴과 동시대의 인물이자 뉴턴의 경쟁자였던 고트프리
트 빌헬름 라이프니츠Gottfried Wilhelm Leibniz 역시 훗날 컴퓨터의 기초
가 된 계산기를 발명해 낸다. 블레이즈 파스칼Blaise Pascal의 덧셈 기계
같은 초기 발명품에 기대어 1671년에 나온 라이프니츠의 자동 계산기
instrumentum arithmeticum(훗날 '단계형 계산기stepped reckoner'라 불림)는
덧셈과 뺄셈, 나아가 곱셈과 나눗셈을 가능하게 했고 그로써 수학을
활용한 예측가능성을 진일보시켰다. 라이프니츠는 오늘날 컴퓨터 코
딩의 기초가 되는, 1과 0으로 이뤄진 디지털 이진 부호digital binary
code도 발명했다.[17] 찰스 배비지Charles Babbage가 1822년에 출시한 '차
이 엔진'과 1842년에 출시한 '분석 엔진'은 20세기의 컴퓨터 그리고
21세기 시민들의 삶을 탈바꿈시킨 디지털 세계로 뻗어나간 여정의 시
간을 단축시켰다.

오늘날의 컴퓨터는 우리가 속해 있는 물리적(또는 아날로그) 세계를
설명하는 디지털 데이터의 기초(라이프니츠가 만든 1과 0의 이진 부호) 위
에서 작동하고 있다. 이 두 세계 사이의 차이란, 다시 말하면 순수 수
학의 예측가능성(플라톤과 피타고라스학파가 논한 수와 순수 형식)과 헤라

그림 5.12.와 5.13. 아이작 뉴턴(1642~1727)(왼쪽), 고드프리 넬러가 그린 초상화, 1689, 고트프리트 빌헬름 라이프니츠(1646~1716), 요한 프리드리히 바우제가 그린 동판화, 1775, 안드레스 셰이츠의 1703년 작을 이어 그림

클레이토스, 그리스 원자론자들이 논한 변하는 물질세계의 차이이다. 기계론적 과학과 그 과학의 수학적 예측가능성은 대부분의 물리적 상황에서 잘 작동하고, 그리하여 우리가 무사히 다리를 건너고 비행기에 탑승해 공중을 날아갈 수 있다는 확신을 준다. 하지만 예측불가능성이라는 문제는 지진, 화산 폭발, 쓰나미, 감염병 발발 같은 간혹 발생하는 사건들에 잠류하고 있다. 이 경우 자연은 자율적이고, 왕왕 예측할 수 없으며, 수학적 정밀성과 컴퓨터 코딩을 거부하고, 그리하여 인간의 자연환경 통제도 거부한다.

기계론적 철학과 예측가능성에 대한 도전

19세기 후반과 20세기 초반, 막스 플랑크Max Plank(1858~1947), 닐스 보어Neils Bohr(1885~1962), 알베르트 아인슈타인Albert Einstein(1879~1955), 베르너 하이젠베르크Werner Heisenberg(1901~1976) 등은 기계론적 과학과 인간의 자연 통제가능성에 도전하기 시작했다. 광전 효과photoelectric effect란 빛이 광자라 불리는 에너지 입자나 양자로 생각될 수도 있고, 파동으로 생각될 수도 있다는 개념이다.

물질matter은 전자, 양성자, 중성자로 이뤄진 하부 구조를 가진 것으로 이해되었다. 1905년, 아인슈타인은 특수상대성이론을 통해 빛의 속도가 우주에서 가장 빠른 속도라고 했다. 1927년, 하이젠베르크는 불확정성원리를 제시하며, 어느 한 입자의 위치와 운동량을 동시에 알 수는 없다고 했다. 이러한 생각들은 기계론에 도전했지만, 일상생활에서는 분명히 체감되지 않는 이론적 수준의 도전일 뿐이었다.[18]

그런데 1970~1980년대에는 기계론적 과학만이 아니라 일상세계에서 이루어지는 인간의 자연 통제에도 도전하는 흐름이 등장한다. 1972년 12월, 에드워드 로렌츠Edward Lorenz는 미국과학진흥협회American Association for the Advancement of Sciences에 논문 한 편을 제출한다. 「예측가능성: 브라질에서 나비가 날개를 퍼드덕거리면, 그것이 텍사스 지역에서 토네이도를 일으킬까?」라는 제목의 논문이었다. 로렌츠

**그림 5.14. 알베르트 아인슈타인
(1879~1955)**

가 말한 이 현상은 훗날 '나비 효과' 또는 초기 조건들에 민감하게 의존하는 상태라고 알려지게 된다. 이 효과는 카오스적인 것으로, 예측 불가능한 기후 패턴에 특히 적용되었다. 이처럼 불규칙성은 대기권이 지닌 근본 특성이다. 사실 대부분의 자연환경·생물 시스템은 비선형적이고, 카오스적이며, 인간에 의해 완전히 통제될 수 없다.[19]

예측불가능성 개념을 더 발전시킨 사람은, 노벨상 수상자이기도 한 물리학자이자 『있음에서 되어감으로: 물리 과학들의 시간과 복잡성 From Being to Becoming: Time and Complexity in the Physical Sciences』(1980)을 집필했던 일리야 프리고진이다. 프리고진과 동료 저자인 이사벨 스탕제Isabelle Stengers는 1984년, 대중이 좀 더 이해하기 쉬운 버전의 책

**그림 5.15. 에드워드 로렌츠
(1917~2008)**

『혼돈으로부터의 질서: 자연과 인간의 새로운 대화Order Out of Chaos: Man's New Dialogue with Nature』를 썼다. 고전 열역학에서, 하나의 계는 평형 상태에 있거나 거의 평형 상태에 있다. 진자시계, 증기기관, 냉장고, 태양계 같은 안정적인 시스템들이 여기에 해당한다. 이 평형계에서 작은 변화는 조정과 적응으로 이어지는데, 수학의 (미적분) 계산과 선형 미분 방정식이 이를 설명해 낸다. 그러나 시스템 안으로 공급(투입)되는 양이 큰 경우, 비선형 관계가 지배적인 관계가 된다. 이러한 비평형계에서는 작은 공급(투입)도 새로운, 예기치 못한 결과를 빚어낼 수 있다. 생물·생태·사회 시스템을 포함하여 대다수 시스템은 개방된 시스템이지, 폐쇄적인 기계적 시스템이 아니다. 이런 시스템에서는 작은 동요도 물질과 에너지의 분열과 재조직화를 야기할 수 있다. 생물

그림 5.16. 일리야 프리고진
(1917~2003)

학적인 차원에서는 새로운 효소나 세포 구조가 출현할 수 있고, 사회
적 차원에서라면 교란하고 도전하는 힘들에 대응하여 새로운 사회가
출현할 수 있다.[20]

1987년 《뉴욕타임스》 편집자 제임스 글릭James Gleick은 저서 『카
오스Chaos Theory: Making a New Science』를 출간하며 카오스 이론을 대
중화했다. 글릭은 카오스 이론에 관한 책을 쓴 많은 과학자를 인터뷰
하며, 자신이 이해하도록 그 이론을 설명해 줄 것을 요청했다. 카오스
이론은 대다수 생물·생태 시스템들은 기계론적 과학과 관련된 선형
미분 방정식에 의해 정확하게 설명될 수 없으며, 비선형적·카오스적
관계들이 시스템을 지배하고 운영한다고 주장한다. 글릭은 나무, 해안

선, 눈송이 같은 자연의 실체들이 어떻게 패턴 내부에 있는 자기와 유사한 패턴으로, 또는 프랙털fractal 패턴으로 이해될 수 있는지 논했다.[21]

1992년 미첼 월드롭Mitchell Waldrop은 복잡성 과학에 관해 유사한 책을 출간했는데, 『복잡성: 질서와 카오스의 가장자리에서 새롭게 출현하고 있는 과학Complexity: The Emerging Science at the Edge of Order and Chaos』이라는 책이었다. 월드롭은 뉴멕시코주 산타페 연구소Santa Fe Institute에서 일하던 자연과학자들과 사회과학자들을 인터뷰했는데, 당시 이곳에서는 박테리아부터 은하계까지, 초기 사회·경제부터 발전된 사회·경제까지 여러 복잡한 구조의 기원에 관한 융합 연구가 수행되고 있었다.[22]

기계적 시스템과 비기계적 시스템 사이의 차이에 관한 또 다른 연구 결과도 발표되었다. 대니얼 보트킨Daniel Botkin의 『조화롭지 않은 조화들: 21세기를 위한 새로운 생태학Discordant Harmonies: A New Ecology for the Twenty-first Century』(1990)이 바로 그것이었다. 보트킨은 지구를 묘사하는 데 인류가 활용한 은유의 목록을 작성했는데, 신적 질서로서의 자연, 동료 생물로서의 지구, 위대한 기계로서의 자연과 같은 은유들이 여기에 포함되었다. 자연이 스스로 활동하는, 예측 불가능한 독립체라는 생각에 가장 의미가 컸던 자연관은 플루티누스의

194

자연관이었다. 플루티누스는 자연을 때로는 거칠고 때로는 듣기 좋은 수많은 음조音調, tone들의 동시다발적 운동들로 이뤄진, 조화롭지 않은 조화로 보았다.[23]

이처럼 수학, 실험, 기술을 통해 인간이 통제할 수 있는 체계로 자연을 이해하는 인류세의 자연관은, 자연은 카오스적이고, 복잡다기하고, 조화롭지 않으며, 예측불가능한 것이라는 자연관에 의해 점점 더 도전받고 있다. 이러한 자연관은 화석연료를 연소함으로써 온실가스가 대기권에 계속 배출될 경우 지구의 지질적·생태적 질서에 어떤 일이 일어날지에 관한 인간의 예측 능력에 의문을 제기한다. 미리 볼 수 없고, 예측 불가능하며, 통제 불가능한 결과는 점점 더 미래의 인간-자연 관계, 인간-자연 상호작용의 양상이 되고 있다. 승차 공유 서비스 기업 우버Uber의 최고경영자 다라 코스로샤히Dara Khosrowshahi는 이렇게 말한다. "우리는 물리적 세계를 체계적으로 정리하는 디지털 기업이다. 물리적 세계는 디지털 세계보다 훨씬 더 엉망진창이다. 지저분하고, 예측 불가능하며, 체계적으로 정리하기 어렵다. 또 그 세계는 더 근본적이다."[24]

21세기와 그 너머라는 이 신세계에서 코딩은 카오스에 직면해 있다. 이진법의 세계는 아날로그 세계의 도전을 받고 있고, 컴퓨터는 자율적인 자연 탓에 제대로 힘을 발휘하지 못한다. 1과 0의 세계, Yes와

No의 세계, 플라톤이 말한 순수 형식과 불완전한 현상은 뉴턴이나 라이프니츠가 예상할 수 있었던 것보다 훨씬 더 복잡하고 카오스적이다.

선형 방정식, 데이터 시스템, 코딩, 예측가능성에 의존하는 기계론적 시스템들은 우리의 일상생활에서 여전히 중요하다. 하지만 인간중심주의적 압력들에 지속적으로 반응하는, 능동적인 자연의 예측불가능성은 앞으로 더 많이 생각하고 논의해야만 한다. 상호 능동적이고, 변하며, 교환하는 실체들로서의 자연과 인류라는 개념은 새롭고도 복잡한 인간-자연 세계에서 점점 중요해지는 개념임에 틀림없다. 플라톤은 플루티누스와 만나야 하고, 헤라클레이토스는 파르메니데스와, 컴퓨터와 데이터베이스는 끊임없이 흐르고 변화를 거듭하는 윤곽선의 바다와 강, 해변과 빙하들과 만나 함께해야 한다. 이 책에서 시도한 연구 이상의 연구가 필요하다. 다른 국가들에서 발전된 철학의 역할, 그리고 그 철학이 오늘날의 세계에 미칠 수 있는 영향이라는 주제는 중요하다. 새로운 윤리가 21세기와 그 이후의 지구를 위해 절박하게 요구된다. 다음 장에서 보여주겠지만, 그것은 인류와 지구가 동반자 관계를 맺는 윤리일 것이다. 새로운 시대는 인류세 시대, 인간의 자연 통제를 넘어서는 지속가능성의 시대, 인류와 자연 간 동반자 관계의 시대로 이행해야만 할 것이다.

6장
윤리와 정의

　윤리와 정의는 인류세를 맞아 사회 변혁적 응전을 전개하는 데 필수 요소일 것이다. 이 장에서는 인류세라는 렌즈를 통해 자아 중심적(리버럴한) 이론, 인간 중심적(인류 중심적) 이론, 생태 중심적(생태적) 이론, 다문화적 이론 등 여러 윤리학 프레임과 접근법을 새롭게 평가하고자 한다. 나는 내가 '동반자 관계 윤리partnership ethics'라고 불러온 접근법을, 인간과 자연을 상호작용 하는 관계로, 즉 자연과 인간 둘 다의 필요를 21세기 상호 생존을 위한 기반으로서 인정하는 둘 사이의 상호작용 관계로 만들 하나의 방법으로서 제안하고자 한다. 마찬가지로 나는 기후변화가 사회 주변부 기층민에게 끼치고 있는 영향을 살펴보고, 정의에 관한 새로운 이론이 필요하다고 주장하려 한다. 인류세의 부정적 영향을 완화하는 과정에, 의사결정, 계획, 정책의 면면에 저소득계층, 선주민, 여성, 유색인들이 직접 참여할 수 있어야만 한다.

환경 윤리와 인류세

인류세와 기후변화라는 사태에 윤리적으로 응전하려면 주요 환경 윤리를, 나아가 미래를 위해 긴요한 새로운 윤리를 모두 이해할 필요가 있다. 환경 윤리는 이론을 실천에 매개한다. 인류세의 문제들에 응답하는 윤리라면, 해결법 역시 제공해야 할 것이다.[1]

자아 중심적 윤리는 개인의 자아에 근거를 둔다. 이 윤리의 기반은 개인의 이익good에 초점을 맞춘 개인의 '당위ought'이다. 이 윤리는 개인에게 이로운 것은 사회 전체에도 이로울 것이라는 주장을 포함하고, 개인(또는 사기업)을 각각 떨어져서 존재하는(그러나 동등한) 사회적 원자로 여기는 철학을 논리 근거로 삼는다. 자아 중심적 윤리는 토머스 홉스Thomas Hobbes(1588~1679)와 존 로크John Locke의 철학에 근거를 두고 있는데, 이들의 철학 속에서 개인은 자신의 이익을 극대화하려는 이들인가 하면, 질서 있는 사회 속에서 살아가려는 개인이자 각자의 윤리적 실천 의지를 통어하며 일련의 규칙을 받아들이는 이들이다. 이는 이윤의 극대화가 궁극의 목표인 사업가와 기업의 지도 윤리이다. 생산이라는 목적을 위해 화석연료를 사용하는 산업체들로서는 더욱더 그러하다. 온실가스 배출량이 기하급수적으로 증가하는 시대인 인류세는 기업 본위의 자아 중심적 윤리에 뿌리를 두고 있다.[2]

인간 중심적(또는 인류 중심적) 윤리의 근거는 사회이다. 인간 중심적

그림 6.1. 존 로크
(1632~1704)

윤리는 사회적 이익, 즉 공익을 중시하는 정치 모델과 인간의 건강을 보호하는 환경 규제 기관에서 사용하는 접근법의 근거이다. 예를 들어 제러미 벤담Jeremy Bentham과 존 스튜어트 밀John Stuart Mill의 공리주의적 윤리는 최대 다수를 위한 최대 이익을 보장하는 식으로 사회가 운영되어야 한다고 주장한다. 사회적 이익, 즉 공익을 최대화해야 하며, 사회적 악은 최소화해야 한다는 것이다. 인류세 시대에 인간 중심적 윤리는 온실가스 배출량을 규제하고, 대기 오염 관련 질병인 폐질환, 피부암, 여타 다른 질병들로 고통받는 사람들에게 의료·복지 서비스를 제공하는 국가적 노력의 근거가 된다.[3]

생태 중심적 윤리는 우주에 그 근거를 둔다. 이 윤리에서는 살아 있는 식물과 동물은 물론이고 살아 있지 않은 물질들, 암석과 미네랄

그림 6.2와 6.3. 제러미 벤담(1748~1832)(왼쪽), J. 와츠의 원작에 J. 포셀화이트가 판화 형식을 입힘, 그리고 존 스튜어트 밀(1806~1873)

을 포함하여 자연환경 전체가 고유한 가치를 지닌 것으로 생각한다. 이 윤리를 생태과학에 적용하는 이들은 생태학이라는 과학으로부터 '당위'를 끌어온다. 현대의 생태 중심적 윤리는 1930년대와 1940년대에 알도 레오폴드Aldo Leopold가 정초했는데, 이 윤리는 그의 사후 출간된 『모래군의 열두 달A Sand County Almanac』(1949)의 마지막 장인 「대지 윤리The Land Ethic」에 정리되어 있다. 여기에서 레오폴드는 이렇게 썼다. "만일 어떤 것이 생명 공동체의 온전함, 아름다움, 안정됨을 보전하는 경향이 있다면, 그것은 옳은 것이다. 만일 그렇지 않은

그림 6.4. 알도 레오폴드
(1887~1949)

경향이 있다면, 그것은 그릇된 것이다." 인류세와 관련하여 생태 중심 윤리는 생물종의 멸종, 서식지의 변형, 적응에 실패하고 북쪽·남쪽으로 이동하는 생물종 같은, 지구온난화가 초래한 생태적 변형들을 피하기 위해 인류가 가능한 한 모든 노력을 기울여야 함을 시사한다.[4]

　최근 몇 년간 여러 철학자가 생태 중심적 윤리를 넘어 다른 윤리로 입장을 바꿨다. 세계화에 응전하는 가운데 문화적 다양성과 환경 정의라는 원칙들을 수용하는 윤리로 말이다. 제이 베어드 캘리콧J. Baird Callicott은 생물 다양성과 문화 다양성의 상호 보완성이라는 발상에서 뻗어 나온 다문화 윤리를 제안한다. 캘리콧에 따르면 인간이라는 종은 수많은 문화를 거느린 하나의 생물 종이다. 인간은 모두 지역성, 생물

지역성이라는 성격을 지닌 문화에 속한 채로, 또 글로벌 문화에 속한 채로 살아가고 있다. 고전 과학 이후 과학에 근거를 둔 윤리는 지역 지리정치와 세계 지리정치 사이에 발생 가능한 갈등을 초월한다. 다문화 윤리는 기후 정의라는 주제에 특히 잘 적용되는데, 이 주제는 아래에서 소상히 논의될 예정이다.[5]

에필로그에서 더 자세히 설명하겠지만, 나의 입장은 우리에게는 새로운 윤리만이 아니라 인류세 시대를 대체할 새로운 지속가능성의 시대a new Age of Sustainability가 필요하다는 것이다. 내가 생각하는 윤리는 인간과 비인간 자연 간 동반자 관계의 윤리an ethic of partnership이다. 동반자 관계 윤리는, 인간 사회들과 비인간 공동체들 양쪽의 최대 이익이, 양쪽이 서로에게 활발히 의존하는 상호의존 상태에서 보장된다고 생각한다.[6] 동반자 관계 윤리의 근거는 자아, 사회나 우주가 아니라 관계라는 아이디어이다. 이 윤리에는 다섯 가지 행동 원칙이 있다.

- 인간 사회들과 비인간 공동체들 사이의 평등
- 인간과 다른 생물종 모두를 대상으로 한 도덕적 배려
- 문화 다양성과 생물 다양성 모두를 존중
- 윤리적 책임성을 다룬 법령에 여성, 소수자, 비인간 자연을 포함하기

- 인간 사회들과 비인간 공동체들 모두의 지속적 번영에 부합하
  는, 생태적으로 온전한 방식의 관리[7]

　동반자 관계 윤리는 특정 장소 안에서 인간 사회와 비인간 공동체
사이의 바람직한 관계를 만들어 낸다. 그 장소는 경제적·생태적 교환
을 통해 더 넓은 세계와 인간 사회가 이어져 있다는 사실이 인식되고
인정되는 곳일 테다. 동반자 관계 윤리는 인간의 핵심적 필요를 충족
하는 동시에 인간의 자만을 억제함으로써 자연의 필요도 충족하는 행
동 윤리이다.
　인류가 유발한 기후변화라는 문제를 해결하는 데 환경 윤리는 기후
윤리와 기후정의를 통해 어떤 기여를 할 수 있을까?

기후 윤리

　정치인, 과학자와 더불어 선도적 학자들은 윤리학이 기후변화를 해
결하는 데 중요할 뿐만 아니라 지구온난화를 해소하는 데 긴요한 주요
요소라고 주장해 왔다. "자연과학, 기술과학, 사회과학은 '기후 시스템
에 인위적으로 간섭하는' 위험한 주체가 누구인지 판단하는 데 필요한
필수 정보와 증거를 제공할 수 있"다고 IPCC는 쓰고 있다. "(그러나)

동시에 그 판단은 가치 판단"이라고 IPCC는 덧붙인다.[8] 어떤 집단이 얼마만큼 기후변화를 완화할 책임이 있는지를 판단하려면, 새로운 윤리 원칙이 필요하다. 과거와 현재의 배출량, 부와 빈곤, 삶의 품격, 산업 발전 단계상의 차이점이라는 문제를 책임 있게 해결하려면, 배출과 관련한 새로운 목표치가 필요하다. 가난한 국가들의 경우 탄소가 요리나 가정 난방 같은 필수 활동에 대부분 사용되지만, 산업화된 국가들의 경우 탄소는 주로 운전, 비행, 온수 공급 같은 활동에 사용된다는 사실을 고려할 때 국가별로 각기 상이한 탄소 배출 필요량이 평가되어야만 한다.

필요와 의지는 다른 것이며 따라서 윤리는 생산적인 기후변화 대응을 위한 필수 요소일 수밖에 없다. 기후 협상 테이블의 주요한 논점은 전부 윤리적인 사안이다. 다시 말해 협상 테이블 위에 놓인 난제들 각각의 실마리를 풀려면 윤리적 원칙들과 사유가 필요하다. 피해에 대한 책임 소재, 합리적 감축 목표, 탄소배출권 거래량의 할당, 각국의 재정 부담, 책임량의 정도, 새로운 테크놀로지에 대한 평가, 절차상의 공정성 같은 난제들 말이다. 기후 윤리와 관련된 복잡한 문제들을 해결하려면 기존의 윤리 이론들을 평가하는 동시에 새로운 이론들을 제안해야 한다.

철학자 피터 싱어Peter Singer에 따르면 우리는 "대기를 우리 모두가

그림 6.5. 피터 싱어(1946년 출생)

책임져야 하는 자원으로 인식"해야만 한다. "대기를 보호하는 일에서 각 집단이 얼마만큼 책임져야 하는지, 이 일을 위해 누가 얼마나 비용을 지불해야 하는지 우리는 합의해야만 한다." 피터 싱어는 마을 인근 호수의 어류를 남획하는 200개의 마을과 우리 모두의 의지처인 지구의 대기를 오염시키는 200개의 국가, 이 둘의 차이를 대비한다. 이 윤리 문제에 관한 최고의 해법은, 아무도 소유하지는 않는 희소 자원, 이 경우는 대기를, 더 구체적으로는 "위해를 가하는 방식으로 지구 기후를 변형하지 않고, 방출된 기체를 흡수할 수 있는 대기권의 수용력"을 분할하는 최고의 방법을 생각하는 것이라고 싱어는 말한다.[9] 싱어는 윤리적인 관점에서 볼 때, 더 잘사는 산업화된 부국들이 기후변화

**그림 6.6. 스티븐 가드너
(1967년 출생)**

대응 비용의 부담을 가장 많이 짊어져야만 한다고 주장한다.

　2006년에 나온 획기적 논문「완벽한 도덕적 폭풍」에서 시애틀에 소재한 워싱턴대학교의 교수이자 철학자인 스티븐 가드너Stephen Gardiner는 기후변화가 깊은 윤리적 골칫거리를 내포하고 있다고 지적했다. 그의 진단에 따르면 기후변화는 1980년대 오존층의 구멍을 넓히던 CFCs(염화불화탄소) 같은 단일 물질로 인한, 단일 산업의 변화를 요구하는 과제보다 훨씬 더 복잡한 문제이다.[10] CFCs의 경우 극소수 생산자들의 행동만이 요구되었고, 관련 산업계 지도자들과 규제를 담당한 정부 당국들은 대체 기술이 비용 면에서 실제적인 효율성이 있다고 판단했다.

　그러나 기후변화의 경우 우리가 세 가지 극명한 골칫거리와 대면하고 있다고 가드너는 지적한다. 원인과 결과가 너무 넓게 분산되어 있다는 점. 행동 기구들이 너무 파편화되어 활동한다는 점. 이 이슈를 다루는 기업과 각국 정부와 과학이 미숙하다는 점. 가드너에 따르면 이 세 가지 골칫거리는 윤리적인 해결책을 요구한다. 기후변화는 "여러 학문 분야, 이를테면 물리학, 생명과학, 정치학, 경제학, 심리학 분야에 두루 걸쳐 있는 이슈들을 건드리는 복잡한 문제이다. 그런데 이러한 학문들의 기여를 무시하려는 건 아니지만, 여러 학문 가운데 윤리학이 가장 중요한 역할을 하는 듯하다".[11]

지구상의 거의 모든 사람이 화석연료를 사용하며 탄소를 배출하고 있으므로, 대체 에너지원을 다룰 지금보다 훨씬 더 강력한 제도적 역량을 구축할 필요가 있다. 개별적으로는 합의된 바를 준수하지 않는 상황이므로, 강력한 글로벌 거버넌스 체제가 필요하다. 만일 우리가 기후변화를 문제적인 것으로 인식하게 된다면 기후변화를 강제하는 우리의 행동이 도덕적 평가의 대상이라는 것 역시 인식하게 된다고 가드너는 말한다. 이러한 인식은 "우리의 도덕적 책임, 도덕적 중요성이 있는 이익 그리고 이 둘에 대해 무엇을 해야 하는지 생각하고 논의할" 필요를 낳는다. "그리고 이로 인해서 우리는 윤리의 영토에 확실히 발을 들여놓게 된다."[12]

기후 정의

기후 정의 운동과 직결될 뿐 아니라 그 운동으로 확장되기도 하는 환경 정의EJ라는 용어가 널리 사용되기 시작한 시점은 1990년대 초반이다. 이 용어는 미국과 그 외 지역 내 소수자, 소외 계층들에 의한 여러 소규모 운동에서 태동한 사회운동을 지시한다. 이들은 환경 부담과 편익이 정의롭지 못한 방식으로 분배되는 현실을 문제시했다. 이를테면, 산업 시설물의 설치 과정과 그 시설물 때문에 비롯된 환경오염, 부wealth와 훌륭한 음식과 깨끗한 공기와 물, 공원과 휴양의 향유 같은 부담과 편익 말이다. 환경 정의는 "이미 어느 정도 자리를 잡은on the ground" 환경 윤리이다. 반면, 현재 사회적·정치적 기구들의 사무실에서 힘을 발휘하고 있는 윤리는 출발 지점에 서 있는at ground zero 기후 정의 문제에 의해 촉발·촉구되고 있다.

소수민족 공동체들에 영향을 주었던 미국 내 여러 사건이 환경 정의 운동 그리고 기후 정의 관련 이슈로 이어졌다.

- 1982년 아프리카계 미국인들, 아메리카 선주민들은 노스캐롤라이나주 워런 카운티Warren County 내 한 매립지에 폴리염화비페닐PCB이 폐기되는 상황을 문제시하며 대규모 시위를 벌였다. PCB는 미국 전역에서 절연체로 상용되며 여러 소비자 제품에 함유된

그림 6.7. 워런 카운티 시위, 1982

물질이다. 아일린 맥거티Eileen McGurty가 제작한 다큐멘터리 〈환경주의를 탈바꿈시키기: 워런 카운티, PCB, 환경 정의의 기원〉(2007)에 기록된 이 시위는 미국 환경 정의 운동의 개막을 상징했다.

● 1983년 LA시는 'LA시 에너지 복구 프로젝트'(LANCER)라는 사업을 제안했는데, 1일 1600톤 분량의 폐기물을 처리해 내는 세 기의 폐기물 소각로를 건설하자는 제안이었다. 빈민가에 사는 중남미 출신 어머니들을 돕고자 1984년 'MELA'(LA 동부 지역 어머

니들)라는 단체를 설립했던 중남미 출신 활동가 마리아 로이발 Maria Roybal과 오로라 카스티요Aurora Castillo는 LANCER 반대 시위를 조직했는데, 이 소각로들이 소수자들의 건강을 위협한다는 이유에서였다. 1990년 개최된 공청회 후, 시 당국은 사업을 포기하고, 해당 부지를 (주택 개발을 위해) 어느 비영리단체에 매각한다.[13]

• 1989년 배턴 루즈Baton Rouge와 뉴올리언스 사이에 80마일 정도 뻗어 있는 곳은 '암 골목'이라고 불렸다. 다우 케미컬 컴퍼니 Dow Chemical Company가 주로 아프리카계 미국인 노동자들이 거주하던 염화비닐 오염 지역을 매입하자 일어난 일이다.

• 1990년 뉴욕주 웨스트 할렘West Harlem에서 흑인 여성들이 마을에 유독성 배기가스를 배출하던 노스 리버 하수 처리 공장 North River Sewage Treatment Plant을 상대로 시위를 벌였다. 이 과정에서 이 여성들은 '위 액트WE ACT'라는 단체를 설립했고, 그후 깨끗한 공기와 교통, 무독성 제품, 지속가능한 방식의 대지 사용, 폐기물 감축, 공공 공간 등 환경 정의와 관련 사업에 나섰다.[14]

**그림 6.8. 웨스트 할렘 내
하수 처리 공장 건립 반대
시위, 1990**

● 2014년 미시간주 플린트Flint시가 경제적 이유로 후론 호수Lake
Huron에서 플린트강으로 급수원을 바꾸자 수도관을 타고 납이 가정
으로 흘러들어가기 시작했다. 미시간 시민권 위원회Michigan Civil
Rights Commission에 따르면 플린트시에 사는 아프리카계 미국인들
이 납 중독으로 인해 가장 큰 고통을 겪었다.[15]

소수자 단체들과 저자들은 환경 분석과 더불어 앞에서 열거된 사회
문제를 비롯한 여러 문제에 대응했고, 이들의 이러한 응전은 환경 정
의 운동으로, 그 후 더 대중적인 기후 정의 운동으로 이어지게 된다.

1987년 기독교교회연합 인종정의위원회United Church of Christ Commiss-ion for Racial Justice는 「미국 내 독성 폐기물과 인종Toxic Wastes and Race in the America」이라는 국가 보고서를 발표했는데, 중남미계 인구가 50% 이상인 지역, 20~49%인 지역 내 통제되지 않는 유독성 폐기물 폐기 현장을 조사한 보고서였다.[16]

1990년 조지아주 클라크 애틀랜타대학교의 아프리카계 미국인 활동가인 로버트 불러드Robert Bullard는 『딕시에 폐기하기: 인종, 계급, 환경 상태Dumping in Dixie: Race, Class, and Environmental Quality』를 출간한다. 얼마 지나지 않은 시점인 1993년에 불러드는 『환경 인종주의에 맞서기: 풀뿌리 민중의 목소리Confronting Environmental Racism: Voices from the Grassroots』를 출간한다. 또 1994년엔 환경 정의 리소스 센터를 설립하고는 400개가 넘는 '유색인종 환경 단체'의 명부를 편집했다. 이들 단체의 대부분은 사회 정의 단체들로 출발했지만 향후 관심사를 확장해 환경 정의, 기후 정의 이슈도 다뤘다. 훗날 불러드는 휴스턴 소재 텍사스서던대학교로 이직했는데, 그곳에서 그는 『블랙 메트로폴리스Black Metropolis』(2007)를 집필한다. 이 책에서 불러드는 '자유로운 땅, 자유로운 노동, 자유로운 사람들'이라는 주제를 다룬다. 그가 보기에 "자유로운 땅"은 실은 미국 선주민들로부터 강탈한 것이었다. "자유로운 노동"을 수행한 이들은 아프리카계 미국인 노예들이었고, "자유

그림 6.9. 로버트 불러드
(1946년 출생)

로운 사람들"은 투표권이 있고 재산을 소유한 남성들이었다.[17]

환경 정의와 기후 정의

기후변화라는 윤리적 이슈가 환경 정의 부문을 크게 바꾸고 확장하고 있다. 기후변화 학자들은 인간 중심적이고 공리주의적인 접근법과 자아(개별자) 중심적이고 권리를 중시하는 공평론 사이의 긴장 구도를 문제 삼는다. 두 개념 모두 필요하긴 하나 공통의 프레임 안에서 이해될 필요가 있다는 인식에서이다. 이 두 가지 기본적 윤리 이론들이 현실에서 어떤 역할을 하는지 살펴보며 학자들은 이런 진단을 내놓고 있다. "공리주의적 접근법과 권리를 중시하는 공평론의 접근법, 이 양자를 구별하는 것이 (⋯) 사실상 지역, 국가, 세계 공동체에 만연해 있는 거버넌스 위기의 핵심적 문제이다. (⋯) 개인의, 지역민의, 민족의 권리는 (⋯) 설사 더 큰 공익을 침해하는 한이 있더라도 결코 침해되어서는 안 된다."[18] 새롭게 대두되고 있는 문제에 대응하려면 기후 정의에 관한 새로운 이론이 필요하고, 기후변화의 영향을 즉각 받는 집단들의 새로운 실천을 위해서는 새로운 프레임이 필요하다.

환경 문제, 기후변화 문제가 삶의 터전에 어떤 영향을 미치는지를 소외된 이들 스스로 인식하고, 관련하여 목소리를 높이는 활동에 그들이 직접 참여하는 것. 환경 정의란 바로 이러한 것을 의미한다. 2003년 발표된 미국 시민권 위원회the U.S. Commission on Civil Rights 보고서는 환경 관련 사업·정책에 관한 의사결정, 계획, 평가의 모든 단계에서 저소득 계층과 유색인종 집단이 직접 참여하는 것이 환경 위험원의 부정적 영향을 완화하려는 노력에 필수 요소라고 명기하고 있다.[19] 환경 정의에 관한 담론들은 '정의'의 진짜 얼굴을 결정하는 데 유색인종 집단이 중요한 역할을 수행한다고 강조한다. 이 집단들은 기후 정의의 성격을 결정하는 데 도움을 줄 것이다. 또 (기후변화의) 결과에 대한 개인별, 집단별 대응의 차이를 말해줄 인종, 젠더, 계급 간 차이점들에 주목함으로써, 기후 정의가 적용되는 방식을 결정하는 데도 도움을 줄 것이다. 이런 식으로 기후 정의에 관한 새로운 이론은 기후변화의 영향을 가장 크게 받는 사람들에 의해 결정될 가능성이 있다.

마찬가지로 환경 정의 운동은 학자들이 주축이 되는 윤리의 도움도 받는다. 윤리학적 프레임은 분배의 정의, 불평등한 자원 향유, 불평등한 지불 능력이라는 문제를 설명해야만 한다. 정의에 관한 이론들은 기후 불평등이라는 복잡한 문제를 파악해야만 한다. 기존 사법 체계는 기후변화에 적절한 방식으로 대응해야만 하며, 새로운 이론과 실천이 출현해서 발전되어야만 한다.

기후변화는 지구적인 양상으로 나타나므로 매우 특별한 환경 정의 이슈라 할 수 있다. 기후변화라는 주제는 수많은 자잘한 환경 정의 운동을 통합하는데, 그 운동들 가운데 너무나 많은 것이 에너지와 공정성이라는 사안과 연관되어 있기 때문이다. 세계적으로 가장 부유한 일부 국가가 산업화의 편익을 줄곧 누려왔다. 또 개발도상국들이 직접적인 위기를 겪는 와중에도 이들은 앞으로 당분간은 계속해서 번영을 누릴 것이다. 그렇긴 하나 미국은 산업화된 국가들 가운데서도 계급 간 빈부 격차가 가장 큰 사회여서, 미국 내에서 공정성이라는 문제는 특히 첨예하다. 부자들은 향후 수십 년간 파국적인 기후변화가 들이닥쳐도 보험, 주택담보대출, 주택 입지 같은 것들 덕분에 돈벌이를 이어갈 여지가 있지만, 빈자들은 생계 위기와 줄어든 자원이라는 현실에, 그리고 즉각적이고 치명적인 손실로 이어질 홍수에 직면해 있다.

기후 정의와 선주민

기후 정의는 알래스카 선주민, 아메리카 선주민, 중남미계 미국인 (라티노), 아프리카계 미국인에게 각기 상이한 의미를 띤다. 이들 집단은 백인 미국인보다 더 큰 기후 부담을 짊어질 것이고, 더 적은 경제적 자원을 보유하고 있지만, 기후 임팩트라는 무거운 현실을 완화하는 데 도움이 될 중요한 역사와 지식을 보유하고 있기도 하다. 문화적 관점, 세계관, 언어가 각 집단에 따라 크게 다르지만, 그럼에도 학자들과 활동가들은 기후 적응과 기후 공정성에 필요한 이들의 자원을 인식하기 시작했다. 예컨대 사회적·문화적·정치적·경제적 지원 활동을 훌륭히 수행하는 네트워크 같은 것 말이다. 미국 본토 곳곳과 하와이·알래스카에 사는 선주민들은 미국 내 선주민들에게 결정적으로 중요한 6대 핵심 분야를 이렇게 정리하고 있다. "물, 농업, 인간의 건강, 야생동물과 생태계의 손실, 주권 행사의 경계선과 구분선, 관광과 휴양."[20] 이미 미국 선주민 지도자들은 기후 정책 생산 과정에 적극 참여하고 있다. 기후 충격을 크게 받을 선주민들이 이 과정에 참여하고 있고, 동시에 선주민들이 지닌 강점과 그들의 문화사가 정책 생산 테이블에 반영되고 있다.

미국 내에서 기후 영향을 가장 크게 받는 두 집단인 북극 선주민과 그 아래 48개 주 아메리카 토착원주민은 기후변화를 직접 경험하고 있을 뿐 아니라, 오랫동안 지켜온 자신들의 풍속과 문화적 관점, 도구들을 활용해 관련 문제를 이해하고 있다. 지난 몇 년간 이누이트Inuit 마을 주민들은 마을 해안선의 큰 부분들이 부서져 떠내려가는 것을 목격했는데, 지금은 수천만 달러를 지불하며 수백 마일 안쪽의 내륙으로 이주하고 있다. 그러나 이들의 실제 이야기를 들어보면 훨씬 더 참혹하다. 그리 머지않은 미래에 이 부족들은 기아와 파산에 직면할 것이다. 에너지 가격이 오르고 있고, 이들의 주요 식량원인 북극의 생물종들이 서식지를 잃고 멸종 위기로 치닫고 있기 때문이다. 이것은 또한 특정 핵심 자원에 관한 문제만은 아니다. 지금 우리는 생명 부양 시스템으로 작동하고 있는 북극 생태계 전체의 온전함을 상실하고 있기 때문이다.[21] 미국 선주민 권리 기금Native American Rights Fund의 히더 켄달 밀러Heather Kendall-Miller에 따르면 선주민 단체들의 목표는 미국 의회로 하여금 "미국 선주민 공동체들이 지닌 고유한 필요"에 주목하게 만드는 것이다. "거주지 이전 자금의 필요, 배출량 상한선을 정하는 법안의 필요, 이러한 필요들에 응답하는 정부 기구의 필요" 말이다.[22] 지구온난화에 대해 알래스카 선주민들과 아메리칸 인디언들이 내비치는 우려는, 미국 선주민들이 현재 직면하고 있는 에너지 위기와 생계 위기를 우리의 시야에 드러낸다.

선주민들의 기후변화 대응 행동은 기후 정의의 몇 가지 차원을 보여준다. 어떤 선주민 집단은 극히 지역적인 차원의 충격을(예컨대 비선주민 집단에 의한, 협약된 수자원에 대한 압력) 문제시하는 기후변화 대응 행동을 옹호할 수도 있을 것이다. 그리고 그것은 특정 방식, 즉 전미 선주민 연합의 법적·윤리적 프레임 안에서 제기되는 규제 개입의 방식일 수도 있을 것이다. 하지만 그 행동은 어떤 종류의 물은 문화적·영적 목적으로 필요하다는 생각이 반영된 것일 수도 있다. (선주민들의 관점에서는) 모든 물이 똑같은 것은 아니다. 어떤 물은 영적으로 수용 가능하지만, 어떤 물은 영적으로 오염되었다. 따라서 어느 선주민 집단의 (기후변화) 대응 행동은 윤리, 정의, 종교와 관련될 수도 있다.

기후변화가 가난한 아프리카계 미국인들과 중남미계 미국인들에게 끼칠 충격이 무엇일지를 거론한 목록은 무서울 만큼 심각하다. 부유층에 비해 훨씬 더 높은 인구 비중을 보이는 빈곤층이 유독성 물질이 있는 장소 인근에 거주하고 있고, 이들 가운데 다수는 도심이나 해안지대 같은, 기후변화 대참사에 취약한 지역들에서 살고 있다. 더욱이 앞으로 다가올 수십 년간 획기적인 경제 전환이 없는 한, 빈곤 계급은 에너지와 식품을 구매할 때 지금보다 훨씬 더 많은 비용을 지출하게 될 것이다. 또 부유한 계급과 비교해 볼 때 이미 이들의 생활비 가운데 높은 비중의 금액이 에너지와 음식에 할애되고 있다. 흑인들은 유독성 오염의 피해자가 되어 다른 이들보다 훨씬 더 높은 암·천식 발생률을 보이고 있는가 하면, 의료보험 혜택에서 배제된 흑인의 수도 백인보다 2배 더 많은 실정이다. 미국 내에서 기후변화 임팩트 증가분은 기존의 부의 격차를 빠른 속도로 더 늘릴 것이다. 카트리나 허리케인 위기가 닥쳤을 때, 그리고 그 후 벌어진 아프리카계 미국인들에 대한 무시와 학대는, 지구온난화로 인한 더 강력해질 허리케인의 위력 아래에서 향후 줄곧 문제가 될 정의 문제가 무엇인지를 뼈저리게 보여준다. 이러한 문제들에 대응하는 가운데, 가장 직접적으로 기후 충격을 받고 있는 소수자 집단들은 기후 정의 실현에 중대한 공헌을 하고 있다.

기후 정의를 위한 개념과 프레임이 정책 입안자들에 의해 제시되기 시작했다. 최근까지만 해도 논의는, 1인당 동일 배출량을 각국에 할당하는 방법, 역사적 책임에 맞는 권리, 각국의 경제력·지불 의지에 맞는 권리, 또는 이 둘의 조합에 초점을 맞춘, 한계점이 많은 도식에 주로 집중되었다. 그러나 기후학자들은 이것 외의 다른 기후 정의 문제들을 점점 더 많이 논하고 있다. 한 가지 주요 주제는 절차상의 정의라는 문제이다. 예컨대 기후변화 적응 방법에 관한 결정 과정에 개발도상국이 참여해야 한다는 것 말이다.[23] 더 다중심적인 기후 정의의 프레임을 만들어 내는 또 하나의 방법은 정의를 나타내는 다양한 지표나 정의에 관한 다양한 판단 기준을 수용하는 것이다. 이 지표에는 사회적 지위와 권력의 평등, 권리와 자원과 기회의 공평, 인도적인 수준의 복지와 의료와 금융의 수혜, 평균 수명 같은 지표, 그리고 생태계 서비스, 주요 생물종, 서식지 손실 같은 환경 복지 지표가 포함될 것이다.

1980년대의 환경 정의 운동에서 뻗어져 나온 기후 정의 운동은 인류세라는 이 시대 그리고 화석연료 연소가 초래한 기후변화와 직결되는 사회운동이다. 기후변화는 경제적·정치적으로 무력한 이들, 유독 물질, 수질 오염, 토양 오염, 대기 오염에 가장 많이 영향받는 이들, 즉 빈곤층과 소수자 집단에 속한 사람들에게 특히 충격을 준다. 이에 더해 아시아 국가들, 개발도상국가들 안에서 발견되는 환경 윤리의 뿌리를 밝히는 더 많은 연구가 필요하다. 자연환경을 보전하고자 하는 그들의 환경 윤리적 접근법은 어떤 식으로 지구를 보호하는 과업의 일부가 될 수 있을까? 인류세에서 벗어나는 길은 여러 가지 지속가능성 시스템들을 모색하고 화석 에너지를 재생가능 에너지로 전환하려는 세계적인 운동으로 가능하다. 만일 새로운 형태의 윤리와 정의에 힘입는다면, 인류는 인류세를 벗어나 지속가능성의 새 시대로 나아갈 수 있을지도 모른다.

에필로그
인류와 지구의 미래

　인류세는 자연과학과 사회과학만이 아니라 특히 환경 인문학에도 중대한 이슈들을 제기한다. 자연환경과 교섭하는 과정에서 인류가 취하는 행동은 기후변화의 결과물에 대응하고, 윤리·기후 정의 프레임과 교류하는 방식의 행동이어야만 한다. 그리하여 취약 계층을 지원하는 한편, 인류의 미래를 위해 요구되는 개인들의 선택과 공공 정책에 영향을 미치는 행동이어야 한다. 기후에 관한 관심이 고조되면서, 자연/문화, 윤리/환경, 정신/신체 같은 이분법들이 도전에 직면해 있다. 인문학은 기후변화 충격 완화를 돕고 그 충격에 대응하는 방식의 생태적 관리 전략에 통찰력을 제공하고 있다.[1] 인문학의 주요 분야들, 즉 예술, 문학, 종교, 철학, 윤리와 정의 사이에는 중대한 연결고리와 상호 중첩되는 이슈들이 있고, 이것들은 21세기와 그 너머의 시기에 인류가 마주할 환경 문제의 해결을 위한 프레임을 구축하는 데 도움을 줄 것이다.

새로운 이야기

21세기에 걸맞은 새로운 이야기와 새로운 윤리가 우리에게 필요하다고 생각한다. 왜냐하면 지금 우리는 또 하나의 '자연의 죽음'을 경험할 위험에 처해 있기 때문이고, 바로 그 '자연'에는 현재 존재하는 대로의 물리 세계, 생물 세계의 많은 부분과 인류가 포함될 것이기 때문이다. 사실 우리가 지속가능성에 관한 새로운 이야기를 창안해 낼 수만 있다면, 우리는 인류세라는 시대를 탈출할 수도 있을 것이다.

지속가능성에 관한 새로운 이야기는, 인간과 지구가 역동적 상호작용 속에서 존재하게 되고, 인간과 비인간 자연 사이에 교환관계가 성립하게 되는, 지속가능성이라는 새로운 시대를 위한 하나의 프레임이다. 이 이야기는 자연이 자율적이며 때로 예측 불가능한 존재라는 점을 수용한다. 이러한 자연은 기계론적 과학에 의해서도, 카오스 이론과 복잡성 이론에 의해서도 설명되고 있다. 우리가 아는 여러 생물을 교란하는 인위적 온실가스 축적의 결과로 지금 바다와 대기에서 무슨 일이 일어나고 있는지, 우리 자신이 인간이기에 우리는 배울 수 있다. 우리는 과학, 기술, 사회에 관한 우리의 지식을 활용해서, 또 우리가 서로 간에, 비인간 세계와 맺는 영적이면서도 윤리적인 관계에 의존하여, 지구의 미래를 위한 새로운 이야기를 창안할 수 있을 것이다.

지속가능성에 관한 이 이야기는, 인류가 생계에 필요한 것들은 지구로부터 취하되, 다시 자라날 수 있고 자연 세계에 되돌아가 순환될 수 있는 것들은 지구에 되돌려 주고, 가능한 한 재생 불가능한 자원들은(구체적으로는 화석연료) 땅속에 그대로 둔다는 생각에 뿌리를 두고 있다. 그러나 내가 사용하는 용어인 '지속가능성'은 브룬틀란 보고서 Brundtland Report(1987 환경과 개발에 관한 세계 위원회World Commission on Environment and Development 1987에서 발표)로 알려지기도 한 문서 「우리 공동의 미래Our Common Future」에 등장하는, 그로 할렘 브룬틀란 Gro Harlem Brundtland이 선언한 '지속가능한 발전sustainable development'과는 구별되어야 한다.[2] 다른 곳에서 내가 소상히 논하기도 했지만, "발전에 대한 지배적 접근법을 한층 더 강화하는 '지속가능한 발전'이라는 용어 대신, 여성 환경 단체들과 다른 수많은 비정부기구는 '지속가능한 살림살이sustainable livelihood'라는 용어를 제시해 왔다. 지속가능한 살림살이란 기본적 필요의 충족, 건강, 고용, 노후보장, 빈곤 해소, 그리고 자기 몸과 피임법과 자원에 대한 여성의 통제권을 강조하는 사람 지향의 접근 방식이다. 이러한 접근 방식의 예시로는 지역 기반의 지속가능한 농업, 생물지역주의bioregionalism, 지속가능성 관련 선주민들의 접근 방식이 있다".[3] 이 접근 방식에는 선주민들의 지혜를 통합한 생태학적 방법과 땅에서 취한 것은 땅에 되돌려 주는 새로운 형태의 생태학적 관리, 복원 생태학도 포함된다.

에필로그: 인류와 지구의 미래

6장 '윤리와 정의'에서 이미 논했지만 지속가능성이라는 새 시대에 함께할 새로운 윤리는 동반자 관계 윤리이다. 이 윤리는 이렇게 공언한다. 인간 사회와 비인간 공동체 양쪽의 최대 이익은 양쪽 모두가 생생히 상호 의존하는 상태일 때 실현된다.

내가 제안하는 동반자 관계 윤리는 다음 다섯 가지 행동 원칙을 포함한다.

1. 인간 사회들과 비인간 공동체들 간의 평등
2. 인간과 다른 생물종 모두에 대한 도덕적 배려
3. 문화 다양성과 생물 다양성 모두의 존중
4. 윤리적 책임성을 다룬 법령에 여성, 소수자, 비인간 자연을 포함하기
5. 인간 사회들과 비인간 공동체들 모두의 지속적인 번영에 부합하는, 생태적으로 온전한 방식의 관리[4]

동반자 관계 윤리의 기초는 인간들 간의 교환 그리고 인간과 자연 간의 교환이다. 다른 글에서 나는 이 윤리를 구현하는 방법에 관해 수많은 예시를 제공한 바 있다. 나는 기업들과 함께 그리고 현재의 자본주의 체제 안에서 실행 가능한 방법들을 포함했고, 동시에 하나의

시스템이 지속가능하려면 이윤을 위한 자원의 과다 착취 행위에서 벗어나 다른 시스템으로 이동해야만 한다고도 주장했다. 동반자 관계 윤리의 구현은 인류세 시대의 부정적 면모에 대한 대안인, 지속가능성에 관한 새로운 이야기에 매우 핵심적이다.

더 나은 미래를 위해서 지속가능성이라는 원칙은 어떻게 현실세계에 옮겨질 수 있을까? 스탠퍼드대학교 민간·환경공학부 교수이자 같은 대학 대기·에너지 프로그램 책임자 마크 제이콥슨Mark Jacobson에 따르면, 풍력·수력·태양 에너지를 이용하면 2050년까지 지속가능성의 시대로 이행하는 데 필요한 변화를 만들어 낼 수 있다.[5] 2050년까지 지구온난화에 대한 해법을 실천하려면 화석연료 기반 경제에서 재생가능 에너지 경제로 이행해야만 한다고 제이콥슨은 주장한다. 석탄·석유·가스COG 의존 경제에서 풍력·수력·태양WWS 에너지 기반의 새로운 경제로 (1.2%의 지열·조력·파력 에너지와 더불어) 나아가야만 한다는 것이다. WWS가 빠른 속도로 확대되고 있는 건, 이 에너지들이 지속가능하고, 깨끗하고, 안전하며, 널리 보급 가능하기 때문이라고 제이콥슨은 지적한다. 가장 큰 난제는 그리드grid(전력 공급망) 신뢰성이라는 문제이다. 제이콥슨과 동료들은 WWS 전력(천연가스, 바이오 연료, 또는 원자력과는 무관한 전력)을 합리적인 가격으로, 과부하 없이 공급할 그리드 모델을 만들어 냈다. 장기적인 목표는 저장과 수요 대응성을 갖춘,

에필로그: 인류와 지구의 미래

그림 E.1. 마크 제이콥슨
(1965년 출생)

저렴한 비용으로 (시간에 의존하는) 작업 안정성을 제공하는 방법을 찾는 것이다. 만일 이것이 성취된다면 100% WWS로 운영되는 세계의 출현이 2050년 이내에 가능할 것이다.

장기간 지속가능한 WWS 경제를 어떻게 만들 수 있을까? 제이콥슨은 현재 솔루션 프로젝트(TheSolutionsProject.org)를 총괄하고 있다. 또한 WWS를 사용함으로써 2050년까지 지구온난화를 완화하는 데 도움이 될, 세계 도처의 새로운 성과물과 목표를 매일 업로드하고 있다.

솔루션의 예로는 다음과 같은 것들이 있다.

- 총 139개국이 이 새로운 계획에 따라 100% 재생가능 에너지 국가로 전환할 수 있다.

- 총 13개국 2만 6000명의 응답자 가운데 82%가 100% 재생가
  능 에너지를 희망했고, 오직 18%만이 그렇지 않았다.
- 현재 미국 전역에서 총 50개 도시와 마을이 풍력과 태양력 같
  은 100% 재생가능한 청정 에너지원으로 전환하는 데 몰두하
  고 있다.
- 구글은 현재 공식적으로 100% 풍력과 태양력(3기가와트 상당
  의 에너지)으로 운영되고 있다.
- 사우스오스트레일리아주 소재 전력망에는 풍력 발전지대 한
  곳과 연결된 거대한 테슬라 배터리가 있고, 그 덕택에 이 전력
  망은 24시간 내내 전기를 공급할 수 있다.
- 독일 내 풍력발전 단가가 또다시 급락했다. 독일 내 해상풍력
  가격은 현재 2030년 EU 전망 가격의 절반 수준이다.
- EU는 재생가능 에너지 비용 하락에 맞춰 2030년 재생가능 에
  너지 목표치를 상향 조정할 예정이다. 현재 27%의 목표치를
  30%로 올리는 것이 합리적이다.
- 위스콘신주 케노샤Kenosha 카운티에서 매일 1만 3000톤의 석
  탄을 태우며 에너지 1기가와트를 생산하는 석탄 공장 하나가
  폐쇄될 예정이다.
- 멕시코 재생가능 에너지 기업인 에넬 리노바빌Enel Rinnova-

에필로그: 인류와 지구의 미래

bile이 3차 국가 공모전에서 총 593메가와트 분량의 네 가지 풍력 사업에 대해 에너지·청정 인증서를 제공할 권리를 부여받았다.

그러나 2017년 6월 콜로라도주 볼더Boulder 소재 국립해양대기청 NOAA의 크리스토퍼 클랙Christopher Clack과 동료들은 핵에너지와 바이오에너지를 추가로 포함하지 않는 이상, 해결에 이를 수는 없다고 주장하는 글을 발표하며 제이컵슨의 주장을 반박했다.[6] 탈탄소화된 믿을 수 있는 에너지 시스템을 이뤄내려면 WWS보다 더 넓은 범위의 다양한 청정에너지 기술이 필요하다는 것이 클랙과 동료들의 입장이었다. 탈탄소화된 에너지 체제라는 목표는, 탄소포집저장CCS은 물론 핵 그리고 바이오 에너지원의 사용 없이는 성취 불가능하다는 것이 요지이다. 지금으로서는 전기 에너지로 전환한다는 것이 극도로 어려운 산업들이 있는데, 이를테면 항공 산업이나 시멘트 산업이 그러하다. 이러한 산업 분야를 포함시킬 경우, 달성 가능한 최대치의 그리드 효율성은 80%에 그친다는 것이다. 클랙과 그 동료들의 분석 결과와는 달리, 새 핵발전소의 건설 사업은 비용이 과하게 소요되고 따라서 실현가능성이 적을 뿐만 아니라 너무나도 위험천만하다는 것이 내 생각이다. 바이오연료와 관련해 가장 큰 문제는, 파울 크뤼천과 다른 이들이

그림 E.2. 크리스토퍼 클랙

2007년에 주장했듯, 생산 과정에서 배출되는 아산화질소(N_2O)가 (그 연료가 대체하는) 다른 화석연료보다도 더 심각한 수준으로 지구온난화를 악화시킨다는 점이다.[7] 그런 방식이 아니라 식목을 통한 탄소 포집 그리고 산업 공장에서의 재생가능 에너지 사용 같은 것이 우리가 나아가야 할 길일 것이다.

지구적 생태 혁명

우리에게는 21세기를 위한 지배적 패러다임으로서 지속가능한 에너지에 기초한 탈인류세라는 미래가 필요하다. 이러한 변화를 이루기 위해서는 재생가능 에너지로의 전환만이 아니라 지구적 규모의 사회적·경제적 혁명이 필요하다. 인류세의 시대가 지속가능성의 시대로 대체되려면, 자본세를 구성하고 있는 자본주의 생산 관계가 바뀌어야 한다. 그뿐만 아니라, 지금의 가부장주의 시대가 사라진 자리에, 새로운 사회경제 형식, 새로운 젠더 관계(남성, 여성, 양성애자, 트랜스젠더)와 인간들 간 그리고 인간과 지구 간의 동반자 생태 윤리가 들어서야 할 것이다.[8] 다음 도표에 표시된 생태학, 생산, 재생산, 의식 간의 관계들 모두가 전환되어야 한다. 그러한 전환이 지속가능한 세계로 우리를 옮겨줄 지구적 생태 혁명의 내용일 것이다. 그것이 이 도표에 나오는 세 가지 레벨, 즉 ①생산과 생태학, ②인간과 인간 외 생물의 재생산, ③의식의 교차점에 있는 문제들을 해결하는 길이다.

자본주의 경제 생산과 생태학(레벨 1)의 교차점에 존재하는 문제는 지구적 규모의 자원 고갈과 오염이라는 문제이다. 이 이슈들에는 암을 유발하는 방사능 물질로 지구를 위협하는 핵발전소 사고와 핵전쟁도 포함된다. 산업 생산 과정상의 화석연료 연소는 대기 내 이산화탄소 농도를 증대하고, 방목과 농작물 생산을 위한 열대우림 파괴는 광합성 작용을 감소시키는 한편 지구 기온 상승과 만년설의 용해를 유발하고 있다. '온실효과'는 농업·어업·지역 서식지 생태에 영향을 미치는 기후 패턴을 변화시킨다. 분해되지 않는 산업용 플라스틱들은 토양과 바

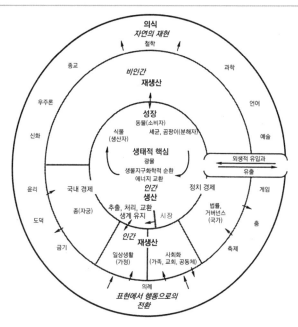

그림 E.3. 생태 혁명 도표

다를 오염시킨다. 냉매 물질과 스티로폼 포장에 쓰일 프레온가스의 생산으로 인해 지구를 보호하는 오존층이 위협받고 있다. 화학공업 현장에서 유출되는 유독성 폐기물은 지하수 공급원으로 유입되어 일반인의 건강을 위협한다. 석탄을 태우는 '매연 더미smokestack' 산업으로 인해 초래되는 산성비는 국경을 넘나들며 호수의 산도를 높이고 산림에 위해를 가한다. 산업 확장으로 인한 (생물) 서식지 파괴는 지구 전역에서 수백 종의 토착 생물종을 멸종으로 내몰고 있다.

생산과 재생산(레벨 2)의 교차점에서는 다른 문제와 파열이 발생하고 있다. 앞서 개발된 국가들에서는 출산율이 감소하고 있지만 세계 인구는 계속해서 기하급수적 증가 추세에 있다. 개발도상국들 내 인구 증가는 지역 경제에, 결과적으로는 땅(지구)에 압력을 가한다. 이러한 압력은 전통적 성(섹스/젠더) 역할을 뒤흔들고, 산업·경제 생산과 생물학적 재생산 모두에서 전에 없던 패턴을 만들어 낸다. 세계 곳곳의 '녹색' 정당들의 출현은, 부분적으로는 자본주의 사회를 재생산하는 법적·정치적 프레임이 오염과 고갈을 규제·조정하지 못하는 사태에 대한 하나의 반응이다. 생산과 재생산 내의 이러한 긴장은 인간과 비인간 자연 양자 모두의 건강과 생존에 대한 위협으로 나타난다.

레벨 3, 즉 의식의 레벨에서는 17세기 과학 혁명, 아이작 뉴턴의 연구가 그 시원인 기계론적 세계관이 등장해 자연세계에 대한 예측가능성과 관리·통제를 가능하게 하는 과학적 프레임을 만들어 냈다. 이 프레임은 증기기관 같은 인류세 기술에 힘입어 인류의 생활상의 커다란 개선과 편리를 가능하게 했다. 하지만 그것은 자연세계 내부의 악화를 대가로 한 것이었다. 작금의 생태 위기를 해결하는 데 이 과학적 프레임이 도움을 줄 가능성이 과연 있을까?

생산, 재생산, 의식상의 지구적 생태 위기의 결과는 부정적일 수도,

긍정적일 수도 있다. 비관적인 시나리오는 1970년대의 '성장의 한계' 모델, 그리고 식량 공급량을 능가하는 기하급수적 인구 증가라는 맬서스주의적 딜레마가 예견했던 위기 후의 붕괴일 것이다. 그러나 긍정적인 시나리오도 가능하다. 일리야 프리고진과 에리히 얀치Erich Jantsch의 '혼란을 벗어난 질서'라는 접근법이 암시하고 있기도 하지만, 위기 후의 사회 재편은 세계 전체를 생태적·경제적 지속가능성의 새로운 21세기로 옮겨줄 수도 있다.[9] 새로운 형식의 생산과 재생산과 의식이 22세기 시민들을 위해서 세계를 다른 식으로 체계화할 수도 있다.

지속가능성이라는 시대로의 이행에는 앞서 개발된 국가 진영과 개발도상국 진영 양쪽 모두에서의 지속가능한 발전을 강조하는, 생산과 재생산의 변화가 필수이다. 자연, 토착원주민, 제3세계 기층민에 대한 착취가 사라지고, 그 자리에 살림살이와 삶의 질이라는 필요를 충족시킨다는 우선 과제가 들어설 것이다. 이 과정은 에너지와 재생가능한 천연자원을 보존하고, 재생불가능한 자원을 재순환시키며, 적정 기술을 채택하는 범세계적 노력에 의해 한층 더 강화될 것이다. 정교한 방식으로 체계화될 경우 개발도상국 내 생태적·경제적 발전은 앞서 개발된 국가 내 출산율(재생산율)을 낮추고 있는 현 인구통계상의 전환의 길을 탄탄하게 해줄 수도 있을 것이다. 이런 식으로 생산의 변화가 재생산의 변화를 지원하게 될 것이고, 이 두 변화 모두 인간이 지구

생태계에 가하는 압력 자체를 완화할 것이다. 가치관의 변화, 그리고 현실을 인지하고, 이해하고, 경험하는 방식의 변화가 이러한 전환을 정당화할 것이다.

의식의 전환, 그 출발을 뒷받침해 주는 요청이 있다. 문화와 자연을, 정신과 육체를, '현실'을 경험하고 재현하는 남성적 방식과 여성적 방식을 다시 하나로 통합할 철학적 전환에 대한 물리학자, 생태주의자, 페미니스트, 시인, 철학자들의 요청이 바로 그것이다. 행위자로서의 자연은 현재 기계론적 구속의 족쇄를(이 족쇄로 인간적 재현물들은 지난 300년간 자연을 가뒀다) 떨쳐내고 있는지도 모른다고, 이들은 말한다. 새로운 '현실'을 사회적으로 만들어 냄으로써, 미래 세대들은 기계론적 세계관이 아닌 다른 세계관을 익힐 수도 있을 것이다. 1947년 철학자 막스 호르크하이머Max Horkheimer가 자연의 반란을 주문했을 때, 그는 자연이 도구주의의 언어가 아닌 다른 언어로 말하도록 초대했다. "사물들과 삶의 의미를 표현하는 것, 말 못 하는 모든 것의 대변자가 되는 것, 자연에게 자신의 고통을 알릴 수 있는 기관organ을 제공하는 것, 또는 현실을 그에 합당한 이름으로 호명하는 것은 한때 예술과 문학과 철학의 작업이었다. 오늘날 자연은 혀를 빼앗기고 있다. 과거에는 각각의 발언, 단어, 부르짖음 또는 몸짓에 고유의 의미가 있다고들 생각했다. 하지만 오늘날 이런 것은 단지 우연한 사건에 불과하다." 자연이 말하고 인간이 듣는 (자연의) 목소리는 만질 수 있는 것, 감지되는 것, 소리가 있는 것, 향기 나는 것, 보이는 것이다. 즉, 그건 육체성이 텅 빈 이성이 아니라, 몸속 깊은 곳에서 체감되는 앎이다.[10] 살아남으려면 우리는 다시금 적극적으로 우리 자신을 자연과 한층 더 '닮은꼴로' 만들어야 한다. 그러나 그 자연은 일종의 대상이 되는 자연환경은 아니어야 하고, 자연과 닮은꼴이 된다는 것은 가장 심오한 의미에서 우리의 몸 전체로 지구와 재결합한다는 것을 뜻한다.

생태학적 견지와 융합한 새로운 스펙트럼의 과학들이 지구의 미래에 관한 우려와 근심에서 발원하여 출현하고 있다. 이러한 과학의 뿌리에서 우리는 새로운 형식의 사고방식, 통합적 사고방식을 발견한다. 비인간 자연을 모방하고, 인간과 비인간 자연을 합성하며, 둘 사이에 일어나는 창조적 상호 교류가 새로운 알아차림을 만들어 내고, 바로 이 알아차림 속에서 육체를 통한 암묵적 앎과 자연 안의 정보 네트워크('정신')가 인간을 인간 바깥의 세계로 연결해 준다. 이러한 새로운 이론적 프레임들은 참여적 형식을 갖춘 의식(알아차림)을 동원하며 실증주의 인식론에 도전하고 있다. 그레고리 베이트슨Gregory Bateson의 '정신의 생태학'은 자연을 일종의 정보 네트워크로 본다. 뇌에서 손으로, 손에서 스틱으로, 스틱에서 바위로, 바위에서 땅으로, 땅에서 눈으로, 눈에서 뇌로 돌고 도는 정보의 네트워크가 곧 자연이다. 자연 안의

'정신'은 인간과 활동적 사물을 하나의 더 커다란 에너지·정보 교환 네트워크 안으로 통합한다. 자연이란 상호작용과 과정들로 이루어진, 변화를 거듭하는 단일한 전체이며, 그 상호작용과 과정들은 인간에 의해 해석된다. 육체의 암묵적 지식은 정신과 다른 것이 아니다.[11]

철학자들은 또한 자연 고유(자체)의 활동, 자기 조직화, 상호 침투 가능한 경계선, 자기 회복력 같은 개념에 근거하여, 기계론적 프레임에 대한 대안을 제시해 왔다. 아르네 네스Arne Naess 같은 심층 생태학자들Deep ecologists은 심각한 지경에 이른 지구 환경 문제를 다루기에는 개혁 환경주의로 충분하지 않다고 주장한다. 이들은 서구의 인식론, 존재론, 윤리의 근본적 변혁을 요청한다. 심층 생태학은 기계론적 앎(의식)에서 생태학적 앎(의식)으로의 전이를, 즉 생물 종간 평등, 적정 기술, 재순환이라는 가치를 뿌리로 삼는 생태학적 알아차림으로의 전이를 의미한다. 머레이 북친Murray Bookchin이 옹호한 사회생태학 Social ecology은 생물들이 모여 사는 개별 지역들에 초점을 맞춘다. 그 개별 지역들이 개별 생물들의 생태적 보금자리이며 동시에 지역 사회 변혁의 현장이라는 것이다. 이 새로운 철학은 자연과 지속가능한 관계를 정립하려는 환경 윤리에 발을 담그고 있다.[12]

과학 자체의 체질적 변화 역시 새로운 패러다임의 출현을 암시하는 듯하다. 데이비드 봄David Bohm의 새로운 물리학은 원자로 파편화되어 있음이라는 과거의 세계상世界像을, 어떤 '전체운동holomovement' 안에서 순간들의 펼침과 감쌈이라는 운동으로 표현되는, 전체성wholeness에 관한 새로운 철학에 대비시킨다. 그의 우주론은 부분들의 지배가 아니라 과정을 제1의 것으로 보는 우주론이다. 영국의 화학자 제임스 러브록James Lovelock의 가이아 가설은 지구의 생물군집biota 전체가 대기권과 해양 내의 최적의 화학적 구성을 유지한다고, 그러한 대기권과 해양이 지구 내 생명을 지탱한다고 말한다. 그리스 신화에서 대지의 여신을 지칭하는 이름인 가이아는 지구의 화학적 순환계들의 기능을 통괄하고 조정하는 어떤 자기 조절(사이버네틱cybernetic) 시스템에 대한 은유이다. 수학 분야에서의 카오스 이론은 복잡성과 동요라는 현상을 언어로 설명해 내는 도구를 제공한다. 자연이 일종의 행위자로서 선형 방정식과 기계론적 서술로는 도저히 예측할 수 없는 경이와 파국을 선보인다는 생각에 부합하는, 복잡성과 동요라는 현상 말이다.[13]

생태적 지속가능성으로의 이행을 지향하는 새로운 응용과학들도 과학, 인식론, 윤리학 분야의 변화들과 보조를 맞추고 있다. 생태계 복원 행위는 (대초원, 초지, 강, 호수 같은) 인간의 손을 타지 않았던 야생의 생태계를 적극적으로 재건하는 행위이다. 또 자연의 패턴을 연구하고 모방함으로써 진화에 내재되어 있는 지혜를 재생할 수도 있을 것이다. 복원 생태학자들은, 과거 300년간 기계론적 과학이 우리에게 탁월한

실력으로 가르쳤던 바대로 자연을 해체하고 생태계를 단순한 것으로 변형하는 대신, 해체되고 단순화된 자연을 다시금 합성하고 있다. 복원주의자들은 지배와 통제를 목적으로 자연을 분석하는 것이 아니라, 전체 속에서 공생하려는 목적으로 자연을 종합하고 있다.[14]

범세계적 생태 혁명은 인간들 간, 인간과 자연 간 관계를 다시금 건설할 것이다. 여성과 자연을 자원으로 활용하는 시장 경제에 내재하는 여성 지배, 자연 지배는 해체될 것이다. 여성이든 남성이든 인간은 비인간 자연과 동반자가 될 것이다.

가장 심오한 의미에서의 생태적 이행은 생태학, 생산, 재생산, 그리고 의식 형태의 변화를 수반한다. 새로운 세계관으로서의 생태학은 산업적·기계론적 자연관에서 발원하는 환경 문제를 해결하는 데 도움이 될 것이다. 기계론적 과학의 주체/객체, 정신/육체, 자연/문화의 이분법과는 정반대로 생태적 의식은, 세계의 복잡성과 과정이 자연과 문화 모두를 포괄한다고 이해한다. 이러한 생태적 모델에서 인간은 무기력한 피해자도 아니고 오만하게 자연을 지배하는 자도 아니며, 자신이 속해 있는 그물망의 운명에 적극적으로 개입하는 참여자일 뿐이다.

더 건강하고 지속가능한 생물권으로 우리를 인도해 줄 다양한 변화가 나타나고 있는 듯하지만, 지구적인 규모의 자원 고갈과 환경오염이라는 현재의 패턴을 부추기는 힘들은 여전히 강고하다. 가부장제, 자본주의, 자연에 대한 지배 같은 힘들의 뿌리는 깊어서 현 개발 방향을 유지한다는 기능을 성실히 수행하고 있다. 그러나 지속가능한 지구 환경과 사회와 윤리가 21세기 안에 출현할 것이라는 희망을 세계 어디에선가 누군가는 품고 있을 것이다.

만일 우리가 지속가능성을 성취한다면, 아니면 적어도 2050년까지는 지구온난화가 감소하는 추세를 만들어 내는 데 성공한다면, 정말로 우리는 인류세에서 벗어나 지속가능성이라는 새 시대로 진입하게 될 것이다. 그 시대라면 인간과 지구가 다음과 같은 만트라로 요약될 동반자 관계 속에서 상호작용 하게 될 것이다.

지붕마다 태양광 전지판;

차고마다 자전거;

그리고

뒤뜰마다 채소들.[15]

정책·윤리·개인의 행동은 말에서 그치는 것이 아니라 실제로 지구를 복원하고 치유할 수 있고, 지구의 활기를 소생시킬 수 있다.

주

서문

1. Crutzen and Stoermer, "Anthropocene."
2. Sörlin, "Environmental Turn in the Human Sciences" and "The Anthropocene," 12.

프롤로그

※ 이 장의 일부는 Wells and Merchant, "Melting Ice."에서 수정한 것이다.

1. Crutzen and Stoermer, "Anthropocene."
2. Crutzen and Stoermer, "Anthropocene." 제임스 와트의 증기 기관에 대해선, 다음을 보라 "engraving of a 1784 steam engine designed by Boulton and Watt," "James Watt," Wikipedia, https://en.wikipedia.org/wiki/James_Watt.
3. Crutzen and Stoermer, "Anthropocene": "Several climatically important 'green house gases' have substantially increased in the atmosphere: CO2 by more than 30% and CH4 by even more than 100%," p. 17
4. Crutzen and Stoermer, "Anthropocene."
5. Jenkins, "Carbon Capture," 32. Also "Global Climate Report."
6. Zalasiewicz et al., "The New World of the Anthropocene": "The ultimate effect on the biosphere of climate change coupled with other human stressors (habitat fragmentation, invasive species, predation) is a sharp increase in the rate of extinctions. ... This current human- driven wave of extinctions looks set to become Earth's sixth great extinction event" (2229; italics added). 지구 시스템 트렌드를 보여주는 그래프를 보려면, 다음을 보라. Steffen et al., 2004;

Bonneuil and Fressoz, The Shock of the Anthropocene 10–11. See also Grooten and Almond, Living Planet Report, 24, 25: "Large Dams" and "Carbon Dioxide."

7. U.S. Environmental Protection Agency, "Climate Change Science." See https://350.org/. 애드리안 래프테리와 동료들은 2013년 IPCC 데이터를 사용하며 이렇게 주장한다. "지구 온도 상승의 예상 범위는 2.0~4.9°C이다. 중위수가 3.2°C이고, 2°C(1.5°C) 미만일 확률이 5%(1%)이다." See Raftery et al., "Less Than 2°C Warming by 2100 Unlikely."

8. Hanania, Stenhouse, and Donev, "Discovery of the Greenhouse Effect"; Enzler, "History of the Greenhouse Effect."

9. Enzler, "History of the Greenhouse Effect"; Hanania, Stenhouse, and Donev, "Discovery of the Greenhouse Effect"; Weart, The Discovery of Global Warming: A History.

10. Steffen et al., Global Change and the Earth System; Steffen, Crutzen, and McNeill, "The Anthropocene."

11. Enzler, "History of the Greenhouse Effect." See also Maslin, Global Warming; www.coolearth.org/IPCC/Global_Warming; http://www.edf.org/climate_change.

12. Eustachewich, "Terrifying Climate Change Warning"; see also Miller and Croft, "Life- or- Death Warning." 미국에서는 2018년 11월 제4차 국가기후평가 (National Climate Assessment)가 "정부가 온실가스의 방출을 중단하고 가차 없는 지구온난화를 막는 조치를 취하지 않을 경우, 더 많은 허리케인, 토네이도, 홍수, 화재, 물 부족, 폭염, 가뭄을" 지구가 겪게 될 것이라고 주장했다. Fimrite, "Dire New Forecast on Global Warming."

13. McKibben, The End of Nature. See also McKibben, "Can Anyone Stop It?"

14. Homero et al., "The Earth Charter."

15. Union of Concerned Scientists, "Capping Global Warming Emissions"; Keaten, "Melting Ice Opens Route through Arctic."

16. Keaten, "Melting Ice Opens Route through Arctic"; Alexander, "Greenhouse-

Gas Emissions Soar."

17. Shepard, "Can't We Just Remove Carbon Dioxide?"; "Ocean Acidification."

18. Leiserowitz, "American Risk Perceptions"; Wike, "What the World Thinks about Climate Change."

19. Lomborg, Cool It; Nordhaus and Shellenberger, Break Through.

20. Leiserowitz, "American Risk Perceptions."

21. Ellis et al., "Dating the Anthropocene"; Ruddiman, "The Anthropogenic Greenhouse"; Ruddiman, "Early Anthropogenic Hypothesis"; Ruddiman, Earth Transformed; Ruddiman, "How Did Humans First Alter Global Climate?"; Crosby, The Columbian Exchange; Diamond, Guns, Germs, and Steel.

22. Crutzen, "Geology of Mankind"; Steffen, Crutzen, and McNeill, "The An-thropocene"; McNeill and Engelke, The Great Acceleration. 2012년, 파울 크뤼천이 막스 플랑크 화학 연구소를 방문한 일에 관해서는 다음을 보라. Voosen, "Scientists Drive Golden Spike." 인류세와 핵겨울에 대해서는 다음을 보라. Crutzen, Lax, and Reinhardt, "Paul Crutzen on the Ozone Hole"; and Waters et al., "Nuclear Weapons Fallout."

23. 인류세에 대해 글을 쓴 수많은 학자들이 그 시대를 지칭하는 새 명칭과 시대의 새 시작점을 제안했다. See Haraway, "Anthropocene, Capitaloscene, Plantationo-cene, and Chthulucene"; Haraway, Staying with the Trouble; Moore, Anthropo-cene or Capitalocene?; Moore, "The Capitalocene," parts 1 and 2; Steffen, Crutzen, and McNeill, "The Anthropocene."

24. Samways, "Translocating Fauna to Foreign Lands"; Cox, "Alien Species in North America and Hawaii"; Curnutt, "A Guide to the Homogenocene"; Mann, 1493, 23, 300, 32, 42, 54 (quotation), 95. 유전동질세와 인류세의 차이에 대해선 다음을 보라. Mentz, "Anthropocene v. Homogenocene."

25. Wilcox, "Resisting the Plantationocene"; Haraway, "Anthropocene, Capital-oscene, Plantationocene, and Chthulucene"; Haraway, "Tentacular Thinking."

26. 여성세에 대해서는 다음을 보라. Demos, "Anthropocene, Capitalocene, Gyno-

cene": "Additionally, there's the Gynocene thesis, implying a gender-equalized, even feminist-led, interventionist environmentalism, which locates anthropogenic geological violence as coextensive with patriarchal domination, linking ecocide and gynocide. Contesting the ravages of Anthropos it calls for new models of eco-feminist stewardship, resonating as much with Indigenous reverence for Mother Earth and the multifaceted rights- of- nature mobilizations in South America, as with the post- heteronormative, eco-sex ualist care for Earth- as- Lover, as appearing in the carnivalesque Earth-marriage ceremonies of performance artists Beth Stephens and Annie Sprinkle, who deploy matrimony as a radical act against environmental destruction, including mountain- top removal mining in North America," para. 4.

28. Chakrabarty, "The Climate of History."
29. Chakrabarty, "The Climate of History"; see 211 for quote from Davis, "Living on the Ice Shelf."
30. Klein, This Changes Everything; Klein, "Radical Guide to the Anthropocene."
31. Angus, "Confronting the Climate Change Crisis"; Angus, The Global Fight for Climate Justice; Angus, Facing the Anthropocene; Angus, "Does Anthropocene Science Blame All Humanity?"
32. Viveiros de Castro, "Exchanging Perspectives."
33. Moore, Anthropocene or Capitalocene?; Moore, Ecology in the Web of Life. For example, see Hecht, "The African Anthropocene"; Spangenberg, "China in the Anthropocene"; Totman, Japan; Elvin, The Retreat of the Elephants.

1장 역사

1. Crutzen and Stoermer, "Anthropocene."
2. 내가 발표한 첫 책의 제목은 『자연의 죽음: 여성, 생태학, 그리고 과학 혁명』이었다. 이 책에서 나는 고대부터 르네상스 시대까지의 유기적인 세계관에는 육체, 영혼, 정신

이 있었고, 그 세계관에서는 지구가 양육하는 어머니로 인식되었다고 주장했다. 이것은 17세기의 과학 혁명 속에서, 물질은 죽은 것으로, 신은 시계 제조자, 엔지니어, 수학자로 인식되는 기계론적 세계관으로 대체되었다. 이 변화가 바로 '자연의 [첫 번째] 죽음'을 이루었다.

3. 계몽주의와 여러 분야 내 그 분명한 구현물에 대해서는 다음을 보라. https://www.n ewworldencyclopedia.org/entry/Age_of_Enlightenment.

4. Fleming, "Latent Heat and the Invention of the Watt Engine"; https://www .britannica.com/biography/Joseph-Black.

5. https://www.britannica.com/biography/Antoine-Lavoisier.

6. 뉴커먼 엔진의 작동 그리고 그 역사에 대해서는 다음을 보라. http://www.animated engines.com/newcomon.html; and https://www.egr.msu .edu/~lira/supp/steam/: "The pressure difference between the atmosphere and the resulting vacuum pus hes the steam piston down, pulling the main pump piston upwards, lifting the water above the main pump piston and filling the lower main pump chamber with water." See also www.sjsu.edu/faculty/watkins /newcomen5.htm: "The wa y the Newcomen engine worked... was with a piston in a cylinder connected to a rocker arm attached to a pump. First the cylinder was filled with steam from a boiler. This pushed the piston up. Then water was sprayed into the cylinder creating a vacuum. This pushed the piston down pulling the pump rod on the other side of the rocker arm up, thus lifting the water. The opening and closing of valves for the alternating injection of steam and water was self-actuating so the engine and pump could operate continuously."

7. 제임스 와트의 증기기관에 대해선 다음을 보라. "Steam Engine."

8. Wilson, "Sadi Carnot," 134.

9. Carnot, Réflexions sur la puissance motrice du feu; Carnot, Reflections on the Motive Power of Fire, 3~69. 큰 중앙 피벗 레버와 바퀴의 도움으로, 피스톤의 움직임은 광산에서 석탄을 들어 올리는 상하 운동 또는 카트나 다른 차량을 밀거나 끄는 측면 운동으로 바뀔 수 있다.

10. Carnot, Reflections on the Motive Power of Fire, 3; see also Fox, The Caloric Theory of Gases.

11. '동력원(motive power)'이라는 용어에 대해서는 다음을 보라. http://www\ .eoht.info/page/Motive+power. '칼로릭(caloric)'이라는 용어에 대해서는 다음을 보라. https://www.britannica.com/science/caloric-theory: "Caloric theory, explanation, widely accepted in the 18th century, of the phenomena of heat and combustion in terms of the flow of a hypothetical weightless fluid known as caloric. The idea of an imaginary fluid to represent heat helped explain many but not all aspects of heat phenomena. It was a step toward the present conception of energy—i.e., that it remains constant through many physical processes and transformations; however, the theory also deterred clear scientific thinking. The caloric theory was influential until the mid- 19th century, by which time many kinds of experiments, primarily with the mechanical equivalent of heat, forced a general recognition that heat is a form of energy transfer and, in particular, that limitless amounts of heat could be generated by doing work on a substance." See also Fox, The Caloric Theory of Gases, 183–89.

12. '카르노 사이클(Carnot cycle)'이라는 용어는 1887년 다음 부분에서 처음 사용된 것으로 보인다. Encyclopaedia Britannica, 22: 481–82. See https://www .britannica.com/science/Carnot-cycle, "Carnot cycle, in heat engines, ideal cyclical sequence of changes of pressures and temperatures of a fluid, such as a gas used in an engine, conceived early in the 19th century by the French engineer Sadi Carnot. It is used as a standard of performance of all heat engines operating between a high and a low temperature." The term was also used by University of Wisconsin, Madison, physicist John C. Shedd in 1899. See Shedd, "A Mechanical Model of the Carnot Engine": "There is, perhaps, no proposition in the range of Physics that is more difficult of comprehension by the average student than that embodies in the so- called Carnot Engine

and Carnot Cycle" (174). "Carnot engine" was used by Scottish physicist James Maxwell in 1871; see Maxwell, Theory of Heat, 148.

13. 카르노 사이클에 대해서는 다음을 보라. https://chem.libretexts.org/Core/Physical _and_Theoretical...Cycles/Carnot_Cycle. 작업의 정의에 대해서는 다음을 보라. htt ps://www.thoughtco.com/definition-of-work-in-chemistry-605954.

14. See https://thebiography.us/en/clapeyron-benoit-paul-emile. Also Clapeyron, "Memoire sur la puissance motrice de la chaleur"; Clapeyron, "Memoir on the Motive Power of Heat," 73–74. 메리엄-웹스터의 카르노 사이클 정의는 다음과 같다. "an ideal reversible closed thermodynamic cycle in which the working substance goes through the four successive operations of isothermal expansion to a desired point, adiabatic expansion to a desired point, isothermal compressi on, and adiabatic com-pression back to its initial state" (https://www.merriam-webster.com/dictionary/Carnot%20cycle).

15. Clapeyron, "Memoir on the Motive Power of Heat,"74, italics added.

16. Clapeyron, "Memoir on the Motive Power of Heat,"78, 79 (fig. 2). "In the same way it can be shown that no gas or vapor exists which, if used to transmit heat from a hot body to a cold one by the methods described, can develop a quantity of action greater than any other gas or vapor" (81). Also, "There is a loss of vis viva whenever there is contact between bodies at different temperatures" (81). 여기서 vis viva는 mv2이다. 이것은 1/2의, 키네틱 에너지 또는 1/2 mv2 의 추가와 더불어, 1686년과 그 후 고트프리트 빌헬름 라이프니츠가 알아낸 힘의 측정 단위이다.

17. Clapeyron, "Memoir on the Motive Power of Heat," 81. See editor Eric Mendoza's note: "This extraordinary paragraph is an unambiguous statement of the First Law of Thermodynamics. It serves to emphasize... that the caloric theory and the vis viva theory were not regarded as mutually exclusive."

18. Clausius, "Über die bewegende Kraft der Wärme und die Gesetze," translated as "On the Moving Force of Heat and the Laws." '카르노 원리'에 관한 클라우시

우스의 발언에 대해서는 다음 독일어 참고문헌의 372를 보라. 훗날 열역학 제2법칙으로 알려지게 되는 것에 대해서는 같은 책 501을 보라: "Ein Uebergang von Wärme aus einem warmen in einen kalten Körper findet allerdings in solchen Fällen statt, wo Arbeit durch Wärme erzeugt, und zugleich die Bedingung erfüllt wird, dass der wirksame Stoff sich am Schlusse wieder in demselben Zustande befinde, wie zu Anfang." Eng. trans., Clausius, "On the Motive Power of Heat, and on the Laws which can be Deduced from it for the Theory of Heat Itself," in William F. Magie, trans. and ed., The Second Law of Thermodynamics: Memoirs by Carnot, Clausius, and Thomson (New York: Harper, 1899), 65–106, see section 2, quotations on 88 and 89. See also Carnot, Reflections on the Motive Power of Fire, 132, 133.

19. Clausius, "Über eine veränderte Form des zweiten Hauptsatzes der mechanisc hen Wärmetheorie," translated as "On a Modified Form of the Second Fundam ental Theorem in the Mechanical Theory of Heat," quotation on 86. 이 문서의 첫 장, 주석에서 클라우시우스는 이렇게 말한다. "The present memoir appeared in Poggendorff's Annalen, vol. xciii, p. 481, and was referred to by the author in a letter lately published in this Magazine; it is also employed to a considera ble extent in a memoir on the steam- engine by the same author, a translation of which will shortly appear." 클라우시우스는 이렇게 시작한다. "In my memoir 'On the Moving Force of Heat, and the Laws which can be deduced therefro m,' I have shown that the theorem of the equiva-lence of heat and work, and Carnot's theorem, are not mutually exclusive, but that, by a small modification of the latter, which does not affect its principal part, they can be brought into accordance." See also https://www.britannica.com/biography/Rudolf-Clausius. 열역학 제2법칙으로 알려지게 된 것에 대한 클라우시우스의 진술은 1850년(영문 18 51년)과 1856년에 각기 다르게 쓰였다는 점이 지적되어야 한다. 두 개의 다른 진술 과 두 개의 다른 인용에 관한 2차 문헌에는 혼동이 존재해 왔다.

20. Clausius, "Über vershiedene für Anwendung bequeme Formen der Hauptgleic

hungen der mechanishen Wärmetheorie," republished as Clausius, Mechanical Theory of Heat, Ninth Memoir, 327–65.

21. Clausius, "On Several Convenient Forms of the Fundamental Equations of the Mechanical Theory of Heat," in Mechanical Theory of Heat, Ninth Memoir, 357: "I propose to call the magnitude S the entropy of the body, from the Greek word [ἐντροπία], transformation. I have intentionally formed the word entropy so as to be as similar as possible to the word energy; for the two magnitudes to be denoted by these words are so nearly allied in their physical meanings, that a certain similarity in designation appears to be desirable." See also Clausius, "Application of the Two Fundamental Theorems of the Mechanical Theory of Heat to the Entire Condition of the Universe," in Mechanical Theory of Heat, 365: "We may express in the following manner the fundamental laws of the universe which correspond to the two fundamental theorems of the mechanical theory of heat. 1. The energy of the universe is constant. 2. The entropy of the universe tends to a maximum." Clausius, "On a Mechanical Theorem Applicable to Heat"; also Magie, Source Book in Physics, 234 (on entropy), 236 (quotation). On Carnot and Clausius, see Mach, Principles of the Theory of Heat; Hiebert, Historical Roots of the Principle of the Conservation of Energy; Newburgh, "Carnot to Clausius."

22. "Entropy and Heat Death."

23. See https://www.britannica.com/biography /William-Thomson-Baron-Kelvin.

24. Kelvin, "On the Dynamical Theory of Heat," 8, 13. 주석에서 그는 이렇게 썼다. "If this axiom be denied for all temperatures, it would have to be admitted that a self-acting machine might be set to work and produce mechanical effect by cooling the sea or earth, with no limit but the total loss of heat from the earth and sea, or, in reality, from the whole material world" (13). See also Thomson, Mathematical and Physical Papers, 175.

25. Joule, "On Changes of Temperature," 381.

26. See https://www.britannica.com/biography/James-Prescott-Joule.

27. Michael Fowler, University of Virginia, Spring 2002, see http://galileo.phys. virginia.edu/classes/152.mf1i.spring02/Joule.htm. "Joule also calculated that the water just beyond the bottom of a waterfall will be one degree Fahrenheit warmer than the water at the top for every 800 feet of drop, approximately, the kinetic energy turning to heat as the water crashed into rocks at the bottom. Joule spent his honeymoon at Chamonix in the French Alps, and Lord Kelvin claimed later that when he chanced to meet the honeymooners in Switzerland, Joule was armed with a large thermometer to check out the local waterfalls (but it is generally believed that Kelvin made this up)."

28. See https://www.physlink.com/Education/AskExperts/ae181.cfm. See also http s://www.wolframscience.com/reference/notes/1019b.

29. Kelvin, "On the Universal Tendency in Nature to the Dissipation of Mechanical Energy." See also Smith and Wise, Energy and Empire, 500–501.

30. Kelvin, "On the Universal Tendency in Nature to the Dissipation of Mechanical Energy," 304–6, italics added.

31. Thomson, Mathematical and Physical Papers, 232.

32. "Entropy and Heat Death."

33. See "What Exactly Is the Heat Death of the Universe?" See also https:// phys.org/news/2015–09-fate-universeheat-death-big-rip.html.

34. Rankine, Manual of the Steam Engine. On thermodynamics, see "Principles of Thermodynamics," 299–310. See also Rankine, "On the Mechanical Action of Heat"; Rankine, "On the General Law of the Transformation of Energy."

35. 이상적 기체에 관한 키네틱 이론 관련, 루트비히 볼츠만과 그의 엔트로피 공식에 대해서는 다음을 보라. https://www.britannica.com/biography/Ludwig-Boltzmann and http://www.eoht.info/page/S+%3D+k+ln+ W. 통계역학에서 볼츠만의 공식 $S = k. \log W$는 이상적 기체의 엔트로피 S와 양 W(기체의 거시 상태에 해당하는 실제 미시 상태의 수)를 연결하는 확률 공식이다. 여기서 kB는 볼츠만 상수(간단하게 k라

고도 쓴다)이며 1.38065×10-23 J/K(켈빈당 줄)와 같다. 간단히 말해서 볼츠만 공식은 한 열역학계의 원자 또는 분자의 배열 가능한 수와 엔트로피 사이의 관계를 보여준다. 이 방정식에 관한 이해에 도움을 준 스탠퍼드대학교의 퍼시 디아코니스(Persi Diaconis)에게 감사드린다.

36. Prigogine, "Time, Structure, and Fluctuations."

37. Prigogine and Stengers, Order out of Chaos. 위의 두 문단은 다음 책에 의지한 것이다. The Merchant, Reinventing Eden. 초기 역사의 대부분 기간 유지되었고 프톨레마이오스(기원전 100년~160년)가 수학적으로 기술한 식의 우주관에서, 1543년 니콜라우스 코페르니쿠스(1473년~1543년)의 태양 중심 우주관으로 변화한 과정에 대해서는 다음을 보라. Kuhn, The Copernican Revolution; and Kuhn, The Structure of Scientific Revolutions.

2장 예술

1. Quoted in Jackman, The Development of Transportation in Modern England, 2:497–98, quotation on 498.

2. Jackman, The Development of Transportation in Modern England, 2:497.

3. Howarth, "Ten Turner Paintings."

4. Thomas, "The Chase."

5. 에두아르 마네의 철도 회화에 대해서는 다음을 보라. https://www.theguardian.com/uk/2005/apr/14/transport.

6. 클로드 모네의 철도 회화에 대해서는 다음을 보라. see https://www.theguardian.com/uk /2005/apr/14/transport.

7. See Cronon, http://www.williamcronon.net/courses/469/handouts/469-telling-tales-on-canvas.html. See also Cronon, "Telling Tales on Canvass."

8. Merchant, Reinventing Eden, 109.

9. Cronon, "Telling Tales on Canvass," 85, 84 (fig. 51).

10. 철도 산업에 동원된 흑인 노동에 대해서는 다음을 보라. https://blackthen.com/the-f

our-major-rail-networks-enslaved-african-labor-help-build-in-north-america/;us atoday30. usatoday.com/money/general/2002/02/21/slave-railroads.htm; and h ttps://opin ionator.blogs.nytimes.com/2012/02/10/been-workin-on-the-railroad/. On women's labor in railroads, see, http://www.interrail-signal.com/women-wo rkin-on-the-rail road/. On black railroad engineers, see http://www.allenandalle nmodelrailroading .com/Rail-History.html. See also Simon, "Railroad Paintings and Art." On women working on railroads, see https://www.pinterest.com/gsrm /women-in-railroading /. On women executives in railroad companies, see the website of the League of Rail-way Women (LRW), http://lriw.org/.

11. Thorne, The Singularity Is Coming...!
12. Eliasson, Your Mobile Expectations.
13. Cape Farewell Project, "The Art of Climate Change."
14. Morrison, "Envisioning Change."

3장 문학

1. Gulliford, "Love Stories"; Dillard, Pilgrim; Kingsolver, Flight Behavior.
2. Wordsworth, "The Excursion," 1814, in Collected Poems, 1037. 증기기관에 대한 워즈워스의 부정적 견해에 관한 분석을 보려면 다음을 보라. Schwartz, "The Industrial Revolution and the Railroad System," "Opposing Voices." On literature in the An- thropocene, see François, "Ungiving Time."
3. Wordsworth, "Steamboats, Viaducts, and Railways," 1833, in Collected Poems, 569.
4. Wordsworth, "On the Projected Kendal and Windermere Railway," 1844, in Collected Poems, 336. 레이크 디스트릭트 내 털미어(Thirlmere) 호수에 대한 워즈워스와 다른 이들의 보호 운동에 대해서는, 다음을 보라. see Ritvo, "Fighting for Thirlmere."
5. Wordsworth, in Collected Poems, 33 7.

6. Dickens, Dombey and Son, 67–68. See Baumgarten, "Railway/Reading/ Time"; Mullan, "Railways in Victorian Fiction."

7. Dickens, Dombey and Son, 68. See Arac, "The House and the Railroad."

8. Dickens, Dombey and Son, 68. See Mullan, "My Favorite Dickens."

9. Dickens, Dombey and Son, 68.

10. Dickens, Dombey and Son, 298–99.

11. Dickens, Hard Times, ch. 17.

12. Dickens, Hard Times, ch. 17.

13. Hawthorne, The House of the Seven Gables.

14. Hawthorne, The Celestial Railroad.

15. Hawthorne, Celestial Railroad.

16. Hawthorne, Celestial Railroad.

17. Hawthorne, Celestial Railroad.

18. Marx, The Machine in the Garden.

19. Emerson, "The Young American." See also https://www.britannica.com /biography/Ralph-Waldo-Emerson.

20. Whitman, "To a Locomotive in Winter." 그레그 바르톨로뮤의 작곡과 시에틀 프로 뮤지카에 의한 휘트먼 시 공연에 대해서는 다음을 보라. http://www.gregbartho lomew.com/locomotive.html.

21. Dickinson, "The Railway Train," in Poems of Emily Dickinson, poem 17.

22. Frost, "A Passing Glimpse," in West-Running Brook. See http://literature .oxfordre.com/view/10.1093/acrefore/9780190201098.001.0001/acrefore-97801 90201 098-e-635.

23. Snyder, Riprap and Cold Mountain Poems, 23. Copyright © 1958, 1959, 1965 by Gary Snyder, from Riprap and Cold Mountain Poems. Reprinted by permission of Counterpoint Press.

24. Dillard, Pilgrim at Tinker Creek, quotations from ch. 10.

25. McPhee, "Coal Train."

26. McPhee, "Coal Train," part 2.

27. Ghosh, The Great Derangement, 73–75, 162, quotations on 75; Ghosh, The Circle of Reason.

28. Lo, "How Fast Will Jet Fuel Consumption Rise?"

29. Lo, "How Fast Will Jet Fuel Consumption Rise?" quotations from abstract and p. 3; "Jet Fuel Consumption by Country," https://www.indexmundi.com/en ergy/?product=jet-fuel. See also Total Fuel Consumption of U. S. Airlines from 2004 to 2017 (in billions of gallons).

30. Patel, "Airplanes Flying on Biofuels."

31. Kingsolver, Flight Behavior; Martyris, "Barbara Kingsolver, Barack Obama, and the Monarch Butterfly."

32. Waldman, "Anthropocene Blues."

33. Solnick, Poetry and the Anthropocene.

34. Trexler, Anthropocene Fictions.

35. Association for the Study of Literature and the Environment, 2016, https://ww w.asle.org/calls-for-contributions/c21-special-issue-literature-anthropocene/.

36. 남근세(Phallocene)라는 용어는 베네수엘라 에코페미니스 집단인 라단타 라스칸타 (LaDanta LasCanta)(2017)가 사용하고 있다.

37. Pereira Savi, "The Anthropocene." See also Grusin, Anthropocene Feminism.

38. Bennett, Vibrant Matter, viii.

39. Pereira Savi, "The Anthropocene," concluding paragraph.

40. Stevens, Tait, and Varney, Feminist Ecologies; Macilenti, Characterising the An-thropocene; Major, Welcome to the Anthropocene.

4장 종교

1. Grim and Tucker, Ecology and Religion, introduction and ch. 5, "Emergence of the Field of Religion and Ecology."

2. White, "Historical Roots of Our Ecologic Crisis," 1205.

3. Merchant, The Death of Nature.

4. 종교와 인류세에 관한 에세이들을 보려면 다음을 보라. Deane-Drummond, Berg-
   mann, and Vogt, Religion in the Anthropocene.

5. Merchant, Reinventing Eden.

6. Allison, Religious Organizations Taking Action on Climate Change.

7. See "Healing Our Planet Earth (HOPE) Conference."

8. Interfaith Center on Corporate Responsibility, "Priorities of ICCR."

9. "Climate Change." 그러나 많은 다른 복음주의 집단은 기후변화를 부정하고 있다.

10. Tucker and Grim, Religions of the World and Ecology; Grim and Tucker,
    Ecology and Religion.

11. Tucker, "The Emerging Alliance of Religions and Ecology."

12. Taylor, Encyclopedia of Religion and Nature.

13. Macintyre, "Pope to Make Climate Action a Moral Obligation."

14. Pope Francis, "Laudato Si."

15. Faiola, "Pope Francis Presents Trump with a 'Politically Loaded' Gift." See
    also http://www.hcn.org /issues/49.16/activism-why-religious-communities-are-
    taking-on-climate-change. Also https://news.mongabay.com/2018/01/popes-mes
    sage-to-amazonia-inspires-hope-but-will-it-bring-action/.

16. Ruether, Integrating Ecofeminism, Globalization and World Religions. 루에더
    는 자신의 책을 TREES에 헌정했다. TREES는 캘리포니아, 버클리 내 연합 신학대
    학원 산하 '생태 윤리학 이론 라운드테이블(The Theoretical Roundtable on
    Ecological Ethics)'을 말한다.

17. Goodman, "Native American Activist Winona LaDuke."

18. Allison, "The Spiritual Significance of Glaciers."

19. Spangenberg, "China in the Anthropocene"; Elvin, The Retreat of the
    Elephants; Totman , Japan; Ghosh, The Great Derangement, esp. 96–98, 103–
    8, 149, 159–62.

20. From Merchant, *Radical Ecolog y*, 107–8.

21. Needham, *Science and Civilization in China*, vol. 2; Callicott and Ames, *Nature in Asian Traditions of Thought*; Elvin, *The Retreat of the Elephants*; Totman, *Japan*.

22. Lao Tzu, *The Tao-Teh King*, ch. 51; Capra, *The Tao of Physics*.

23. Grim and Tucker, *Ecology and Religion*, 121–25.

24. 이 장의 이 부분은 다음의 책에서 변형된 것이다. Merchant, *Radical Ecolog y*, 133–36. See Cobb, "Ecology, Science, and Religion," 99–113, esp. 99, 107–8.

25. Cobb and Griffin, *Process Theology* 79, quotations 76, 155.

26. Griffin, *Unprecedented*.

27. McDaniel, "Physical Matter"; McDaniel, "Christian Spirituality"; McDaniel, *Of God and Pelicans*.

28. McDaniel, "Process Philosophy," unpublished paper.

29. McDaniel, "Process Philosophy."

30. Watts, "'For Us the Land Is Sacred.'"

31. Tory, "Religious Communities Are Taking on Climate Change."

32. Aberra, "The Religious Case for Caring about Climate Change."

33. Bentley, "Muslim Environmentalists."

34. Abraham, "Caring for Creation."

35. The Earth Charter Initiative.

5장 철학

1. Goldstein, *Plato at the Googleplex*.

2. Goldstein, *Plato at the Googleplex*, 71.

3. Goldstein, *Plato at the Googleplex*, 70.

4. Aristophanes, *The Clouds*.

5. Goldstein, *Plato at the Googleplex*, 98–100.

6. Goldstein, Plato at the Googleplex, 105–6, 117.

7. Goldstein, Plato at the Googleplex, 119.

8. Early Greek Philosophy, 55 – 6 7.

9. Nahm, Early Greek Philosophy, 84–97, quotation on 91, fragments 41–42.

10. Nahm, Early Greek Philosophy, 113–21.

11. Nahm, Early Greek Philosophy, 128–48.

12. Nahm, Early Greek Philosophy, 149–55, 160–219.

13. Merchant, The Death of Nature, 204, 208, 276–78.

14. Nahm, Early Greek Philosophy, 68– 83.

15. Nahm, Early Greek Philosophy, 68. On the discovery of irrational numbers by the Pythagorean Hippasus, see https://www.britannica.com/biography/Hippasus-of -Metapontum.

16. 과학 혁명의 배경에 대해선 다음을 보라. Merchant, The Death of Nat ure, esp. chs. 9, 12.

17. 라이프니츠의 컴퓨터에 대해선 다음을 보라. Dalakov et al., "The Stepped Reckon er." On binary coding, see https://www.britannica.com/technology/binary-code. On the history of computers, see Yaqoob, "Introduction to Computers, History and Applications."

18. See Merchant, Autonomous Nature, 144, 151.

19. Merchant, Autonomous Nature, 6, 152.

20. Merchant, Autonomous Nature, 152.

21. Merchant, Autonomous Nature, 151–52.

22. Waldrop, Complexity; Wells, Complexity and Sustainability.

23. Botkin, Discordant Harmonies, 25.

24. Dara Khosrowshahi, quoted in Said, "Uber Is on the Road," C-3.

6장 윤리와 정의

1. Merchant, Radical Ecolog y, 64.
2. From Merchant, Radical Ecolog y, 64.
3. From Merchant, Radical Ecolog y, 72.
4. From Merchant, Radical Ecolog y, 75, 76.
5. From Merchant, Radical Ecolog y, 81– 83.
6. From Merchant, Radical Ecolog y, 83–84. See also Merchant, Earthcare, 216–24; Merchant, "Partnership Ethics"; and Merchant, "Partnership with Nature."
7. From Merchant, Radical Ecolog y, 84.
8. IPCC, Climate Change 2001, 2.
9. Singer, "Ethics and Climate Change."
10. Gardiner, "A Perfect Moral Storm."
11. Gardiner, "A Perfect Moral Storm," 397.
12. Gardiner, "A Perfect Moral Storm," 397.
13. Russell, "Environmental Racism"; Stewart, "Home May Rise on Incinerator Site."
14. From Merchant, Radical Ecology, 170–76.
15. https://www.nrdc.org/flint.
16. See Merchant, Radical Ecolog y, 171–72.
17. Merchant, Radical Ecolog y, 172. Bullard, ed., Confronting Environmental Rac-ism, 15–16.
18. Rayner and Malone, Human Choice and Climate Change, 219.
19. U. S. Commission on Civil Rights, "Not in My Backyard."
20. United States Global Change Research Program, "National Assessment."
21. Hanna, "Native Communities and Climate Change."
22. Kendall-Miller, "Native American Rights Fund News."
23. Paavola and Adger, Fairness in Adaptation to Climate Change.

에필로그

※ 이번 장의 일부는 머천트의 "Ecological Revolutions"에서 가져온 것이다.

1. Parker et al., "Climate Change and Pacific Rim Indigenous Nations."
2. Brundtland, Our Common Future.
3. Merchant, Radical Ecology; see also Braidotti et al., Women, the Environment, and Sustainability.
4. Merchant, Major Problems in American Environmental History, 224.
5. Jacobson et al., "Low-Cost Solution to the Grid Reliability Problem."
6. Clack et al., "Evaluation of a Proposal for Reliable Low-Cost Grid Power."
7. Crutzen et al., "N2O Release from Ago-Biofuel Production."
8. 환원주의적, 그리고 공동체 기반의 생태적 접근법들에 대해서는 다음을 보라. Worster, Nature's Economy, chs. 14, 15.
9. 일리야 프리고진의 열역학은 (기계론적 모델이 기술하는) 폐쇄되고 고립된 물리적 계들의 평형, 근-평형 역학을, 물질·에너지와 주변 환경 사이의 끊임없는 교환이 이루어지는, 열린 생물학적·사회적 시스템에 대비한다. 생물학적 시스템이 파국적 변화에 직면할 때 대규모의 조직 개편이 촉발될 수 있다. 이 경우, 비선형 관계들과 포지티브 피드백들이 새로운 발전을 돕는다.
10. Horkheimer, Eclipse of Reason, 101, 115. 미메시스에 대해선 다음을 보라. Berman, Reenchantment of the World, 177–82, 69 ff.
11. Bateson, Mind and Nature, 237–64.
12. Naess, "The Shallow and the Deep"; Devall and Sessions, Deep Ecology; Book-chin, Ecology of Freedom.
13. Prigogine and Stengers, Order out of Chaos; Jantsch, Self-Organizing Universe; Bohm, Wholeness and the Implicate Order; Briggs and Peat, Looking Glass Universe; Gleick, Chaos; Lovelock, Gaia.
14. 다음 텍스트의 일부의 원 출처는 다음과 같다. Merchant, "Res-toration and Reunion with Nature," 68–70. See also Jordan, "Thoughts on Looking Back," 2; Jordan, "On Ecosystem Doctoring," 2.

15. Carolyn Merchant, "Afterword," in Worthy, Allison, and Bauman, *After the Death of Nature*.

참고문헌

Aberra, Nesima. "The Religious Case for Caring about Climate Change." *Vox*, April 19, 2017. https://www.vox.com/conversations/2017/4/19/15271166/climate-change-religious-arguments.

Abraham, John. "Caring for Creation Makes the Christian Case for Climate Change." *Guardian*, October 10, 2016. https://www.theguardian.com/environment/climate-consensus-97-per-cent/2016/oct/10/caring-for-creation-makes-the-christian-case-for-climate-action.

Alexander, Kurtis. "Greenhouse-Gas Emissions Soar, Stalling Global Warming Battle." *San Francisco Chronicle*, December 6, 2018,1,10.

Allison, Elizabeth. *Religious Organizations Taking Action on Climate Change*. Garrison, NY: Garrison Institute, 2007.

—. "The Spiritual Significance of Glaciers in an Age of Climate Change." *Wiley Interdisciplinary Reviews: Climate Change* 6, no. 5 (2015): 493–508.

Angus, Ian. "Confronting the Climate Change Crisis: An Ecosocialist Perspective," 2008. http://www.readingfromtheleft.com/PDF/ConfrontingTheClimateChangeCrisis2 .pdf.

—. "Does Anthropocene Science Blame All Humanity?" http://climateandcapitalism.com/2015/05/31/does-anthropocene-science-blame-all-humanity/.

—. *Facing the Anthropocene: Capitalism and the Crisis of the Earth System*. New York: Monthly Review, 2016.

—. ed. *The Global Fight for Climate Justice: Anticapitalist Responses to Global Warming and Environmental Destruction*. London: Resistance Books, 2009, 2011.

Anthropocene. Journal. http://www.elsevier.com/locate/ancene.

Arac, Jonathan. "The House and the Railroad: Dombey and Sons and The House of the Seven Gables." *New England Quarterly 51*, no. 1 (March 1978): 3–22.

Aridjis, Homero, et al. "The Earth Charter." The Earth Charter Commis-sion, 2000. http://www.earthcharter.org/.

Aristophanes. *The Clouds*. Edited by J. M. Starkey. London: Macmillan, 1911.

Athanasiou, Tom, and Paul Baer. *Dead Heat: Global Justice and Global Warm-ing*. New York: Seven Stories, 2002.

Baer, Paul. "The Worth of an Ice Sheet." Eco-Equity, 2007. www.ecoequity.org.

Bateson, Gregory. *Mind and Nature: A Necessary Unity*. New York: Dutton, 1979.

Baumgarten, Murray. "Railway/Reading /Time: Dombey & Son and the Industrial World." Dickens Studies Annual 19 (1990): 65–89.

Bennett, Jane. *Vibrant Matter: Political Ecology of Things*. Durham: Duke University Press, 2010.

Bentley, Chris. "'Muslim Environmentalists Give Their Religion—and Their Mosques—a Fresh Coat of Green,' January 4, 2017. http://capeandislands. org/post/muslim-environmentalists-give-their-religion-and-their-mosques-fresh-coat-green#stream/0.

Berman, Morris. *The Reenchantment of the World*. Ithaca: Cornell University Press, 1981.

Biermann, Frank. *Earth System Governance: World Politics in the Anthropo-cene*. Cambridge, MA: MIT Press, 2014.

Birch, Charles, and John Cobb Jr. *The Liberation of Life: From the Cell to the Community*. Cambridge: Cambridge University Press, 1981.

Bohm, David. *Wholeness and the Implicate Order*. Abingdon, UK: Taylor & Francis, 2002.

Bonifazi, Conrad. *The Soul of the World: An Account of the Inwardness of Things*. Lanham, MD: University Press of America, 1978.

Bonneuil, Christophe, and Jean-Baptiste Fressoz. *The Shock of the Anthropocene.* London: Verso, 2015.

Bookchin, Murray. *Ecology of Freedom: The Emergence and Dissolution of Hierarchy.* Palo Alto: Cheshire Books, 1982.

Botkin, Daniel. Discordant Harmonies: *A New Ecology for the Twenty-First Century.* New York: Oxford University Press, 1990.

Braidotti, Rosi, et al. *Women, the Environment, and Sustainability: Towards a Theoretical Synthesis.* Atlantic Highlands, NJ: Zed Books, 1994.

Briggs, John, and David Peat. *Looking Glass Universe: The Emerging Science of Wholeness.* New York: Simon & Shuster, 1986.

Brown, Donald et al. "White Paper on the Ethical Dimensions of Climate Change." Rock Ethics Institute, University of Pennsylvania, Philadel-phia, 2006.

Brown, Peter G., and Peter Timmerman, eds. *Ecological Economics for the Anthropocene: An Emerging Paradigm.* New York: Columbia University Press, 2015.

Brundtland, Gro Harlem. *Our Common Future. World Commission on Environment and Development.* New York: Oxford University Press, 1987.

Buckland, David. Cape Farewell Project, 2005. http://www.capefarewell.com/.

Bullard, Robert D., ed. *Confronting Environmental Racism.* Cambridge: South End Press, 1993.

Callicott, J. Baird, and Roger T. Ames. *Nature in Asian Traditions of Thought.* Albany: State University of New York Press, 1989.

Cape Farewell Project. "The Art of Climate Change," November 5, 2005. http://www.we-make-money-not-art.com/archives/007390.php.

Capra, Fritjof. *The Tao of Physics: An Exploration of the Parallels between Modern Physics and Ancient Mysticism.* Boston: Shambhala, 1991.

Carnot, Sadi. *Reflections on the Motive Power of Fire. In Reflections on the*

Motive Power of Fire by Sadi Carnot and Other Papers on the Second Law of Thermodynamics by E. Claperon and R. Clausius, edited by Eric Men-doza. New York: Dover, 1960.

—. *Réflexions sur la puissance motrice du feu et sur les machines propres à développer cette puissance*. Paris: Bachelier, 1824.

Chakrabarty, Dipesh. "The Climate of History: Four Theses." *Critical Inquiry 35*, no. 2 (2009): 197–222.

Chamberlin, Roy B., and Herman Feldman. *The Dartmouth Bible: An Abridgment of the King James Version, with Aids to Its Understanding as History and Literature, and as a Source of Religious Experience*. Boston: Houghton Mifflin, 1961.

Clack, Christopher T. M., et al. "Evaluation of a Proposal for Reliable Low-Cost Grid Power with 100% Wind, Water, and Solar." *Proceedings of the National Academy of Sciences 114*, no. 26 (June 27, 2017): 6722–27.

Clapeyron, Émile. "Memoire sur la puissance motrice de la chaleur." *Journal de l'Ecole Royale Polytechnique 14* (1834): 153–90.

—. "Memoir on the Motive Power of Heat." *In Reflections on the Motive Power of Fire by Sadi Carnot and Other Papers on the Second Law of Thermodynamics by E. Clapeyron and R. Clausius*, edited by Eric Men- doza. New York: Dover, 1960.

Clausius, Rudolf. *The Mechanical Theory of Heat: With Its Applications to the Steam Engine...* London: John Van Voorst, 1867.

—. "On a Mechanical Theorem Applicable to Heat." *Philosophical Magazine*, ser. 4, vol. 40, no. 265 (1870): 122–27.

— "On a Modified Form of the Second Fundamental Theorem in the Mechanical Theory of Heat." *Philosophical Magazine*, ser. 4, vol. 12, no. 77 (1856): 81–98.

—. "On the Moving Force of Heat and the Laws Regarding the Nature of Heat

참고문헌

Itself Which Are Deducible Therefrom." *Philosophical Magazine*, ser. 4, vol. 2, no. 8 (1851): 1–21, 102–19.

—. "Über die bewegende Kraft der Wärme und die Gesetze, welche sich daraus für die Wärmelehre selbst ableiten lassen," *Annalen der Physik und Chemie*, ser. 3, vol. 79 (1850): 368–97, 500–524.

—. "Über eine veränderte Form des zweiten Hauptsatzes der mechan- ischen Wärmetheorie," *Annalen der Physik und Chemie* 93, no. 12 (1854): 481–506.

—. "Über vershiedene für Anwendung bequeme Formen der Hauptgleich- ungen der mechanishen Wärmetheorie", *Annalen der Physik* 125 (1865): 353–400.

"Climate Change: An Evangelical Call to Action." *Globalist*, February 2, 2007. http://www.theglobalist.com/StoryId.aspx?StoryId=5942.

Cobb, John B. Jr. "Ecology, Science, and Religion: Toward a Postmod- ern Worldview." *In The Reenchantment of Science: Postmodern Proposals*, edited by David Ray Griffin. Albany: State University of New York Press, 1988.

—. "Process Theology and an Ecological Model." *In Cry of the Environment: Rebuilding the Christian Creation Tradition*, edited by Philip Joran- son and Ken Butigan. Santa Fe: Bear, 1984.

Cobb, John B. Jr., and David Ray Griffin. *Process Theology.* Philadelphia: Westminister, 1976.

Cohen, Tom, et al. *Twilight of the Anthropocene Idols.* London: Open Humanities, 2016.

Cox, George. "Alien Species in North America and Hawaii: Impacts on Natural Ecosystems." *Ecology 81*, no. 6 (June 1, 2000): 1756–57.

Cronon, William. "Telling Tales on Canvas: Landscapes of Frontier Change." In Jules Prown et al., *Discovered Lands, Invented Pasts*. New Haven: Yale University Press, 1992.

Crosby, Alfred. *The Columbian Exchange: Biological and Cultural Conse- quences of 1492.* Westport, CT: Greenwood, 1973.

Crutzen, Paul J. "Geology of Mankind." *Nature* 415, no. 23 (January 3, 2002): 23.

Crutzen, Paul J., Gregor Lax, and Carsten Reinhardt. "Paul Crutzen on the Ozone Hole, Nitrogen Oxides, and the Nobel Prize," December 3, 2012. https://onlinelibrary.wiley.com/doi/full/10.1002/anie.201208700.

Crutzen, Paul J., A. R. Moiser, K. A. Smith, and W. Winiwarter. "N2O Release from Ago-Biofuel Production Negates Global Warming Reduction by Replacing Fossil Fuels." *Atmos-Chem-Phys, Discuss.* 7 (August 1, 2007): 11191–205.

Crutzen, Paul J., and Eugene F. Stoermer. "The Anthropocene." *IGPB (International Geosphere-Biosphere Programme) Newsletter* 41 (2000): 17.

Curnutt, John L. "A Guide to the Homogenocene, Review of George Cox, 'Alien Species in North America and Hawaii: Impacts on Natural Ecosystems.'" *Ecology* 81, no. 6 (June 1, 2000): 1756–57. doi:10.1890/00129 658(2000) 081[1756:AGTTH]2.0.CO%3B2.

Dalakov, Georgi, et al. "The Stepped Reckoner of Gottfried Leibniz." http://history-computer.com/MechanicalCalculators/Pioneers/Lebniz.html.

Davies, Jeremy. *The Birth of the Anthropocene.* Berkeley: University of California Press, 2016.

Davis, Heather, and Etienne Turpin, eds. *Art in the Anthropocene: Encounters among Aesthetics, Politics, Environments and Epistemologies.* London: Open Humanities, 2015.

Davis, Mike. "Living on the Ice Shelf: Humanity's Meltdown," June 26, 2008. http://www.tomdispatch.com/post/174949.

Deane-Drummond, Celia, Sigurd Bergmann, and Markus Vogt, eds. *Religion in the Anthropocene.* Eugene, OR: Cascade Books, 2017.

Demos, T. J. "Anthropocene, Capitalocene, Gynocene: The Many Names of Resistance," June 12, 2015. https://www.fotomuseum.ch/en/explore/still

-searching/articles/27015_anthropocene_capitalocene_gynocene_the_many_na
mes_of_resistance.

Devall, Bill, and George Sessions. *Deep Ecology*. Salt Lake City: G. M. Smith, 1985.

Diamond, Jared. *Guns, Germs, and Steel: The Fates of Human Societies*. New York: Norton, 1997.

Dickens, Charles. *Dombey and Son*(1848). Edited by Alan Horsman. New York: Oxford University Press, 1966.

—. *Hard Times*. London: Bradbury & Evans, 1854.

Dickinson, Emily. *The Poems of Emily Dickinson*. Boston: Roberts Brothers, 1896.

Dillard, Annie. *Pilgrim at Tinker Creek*. Cutchogue, NY: Buccaneer Books, 1974.

Earth Charter Initiative. http://www.earthcharter.org.

Ehlers, Eckart, and Thomas Krafft, eds. *Earth System Science in the Anthropocene: Emerging Issues and Problems*. Berlin: Springer Verlag, 2006.

Eliasson, Olafur. *Your Mobile Expectations: BMW H2R Project*. Exhibition booklet. Berlin: Studio Olafur Eliasson, 2007.

Ellis, Erle C., Dorian Q. Fuller, Jed O. Kaplan, and Wayne G. Lutters. "Dating the Anthropocene: Towards an Empirical Global History of Human Transformation of the Terrestrial Biosphere." *Elementa: Science of the Anthropocene* 1, no. 18 (December 4, 2018): 1–6.

Elvin, Mark. *The Retreat of the Elephants: An Environmental History of China*. New Haven: Yale University Press, 2006.

Emerson, Ralph Waldo. "The Young American," read before the Mercantile Library Association, Boston, February 7, 1844. www.tamut.edu/academics/mperri/AmSoInHis/The%20Young%20American.doc.

"Entropy and Heat Death." *Encylopaedia Britannica*. https://www.britannica.com/science/thermodynamics/Entropy-and-heat-death.

Enzler, S. M. "History of the Greenhouse Effect and Global Warming." https://

www.lenntech.com/greenhouse-effect/global-warming-history .htm.

Erlandson, Jon, and Todd J. Braje, eds. "When Humans Dominated the Earth: Archeological Perspectives on the Anthropocene." *Anthropocene*, January 21, 2013, 1–122. https://www.sciencedirect.com/journal/anthro pocene/vol/4.

Eustachewich, Lia. *New York Post*, October 8, 2018. https://www.foxnews .com/science.

Faiola, Anthony. "Pope Francis Presents Trump with a 'Politically Loaded' Gift: His Encyclical on Climate Change." *Washington Post*, May 24, 2 017.

Fimrite, Peter. "Dire New Forecast on Global Warming." *San Francisco Chronicle*, November 24, 2018, 1, 10.

Fleming, Donald. "Latent Heat and the Invention of the Watt Engine." *Isis* 43, no. 1 (April 1952): 3–5.

Fox, Robert. *The Caloric Theory of Gases from Lavoisier to Regnault*. Oxford: Clarendon, 1971.

François, Anne-Lise. "Ungiving Time: Reading Lyric by the Light of the Anthropocene." In *Anthropocene: Literary History in Geologic Times*, edited by Tobias Menely and Jesse Oak Taylor. University Park: Pennsylvania State University Press, 2017.

Freese, Barbara. *Coal: A Human History*. New York: Basic Books, 2003.

Frost, Robert. *West-Running Brook*. New York: Henry Holt, 1928.

Gardiner, Stephen. "A Perfect Moral Storm: Climate Change, Intergenerational Ethics and the Problem of Moral Corruption." *Environmental Values* 15 (August 2006): 397–413.

Ghosh, Amitav. *The Circle of Reason*. New York: Houghton Mifflin Mariner Books, 1986.

—. *The Great Derangement: Climate Change and the Unthinkable*. Chicago: University of Chicago Press, 2016.

Glantz, Michael H. "Africans, African-Americans and Climate Impacts:

Top-Down vs. Bottom-Up Approach to Capacity Building," July 7, 2006. http://www.fragilecologies.com/jul07_06.html.

Gleick, James. *Chaos Theory: Making a New Science.* New York: Viking, 1987.

"Global Climate Report," April 2018. https://www.ncdc.noaa.gov/sotc/global /201804.

Goldstein, Rebecca Newberger. *Plato at the Googleplex: Why Philosophy Won't Go Away.* New York: Pantheon, 2014.

Goodall, Chris. "Powerful Position: Book Review on Surviving the Century: Facing Climate Chaos & Other Global Challenges." *Nature Reports Climate Change. Nature.com* 5 (October 12, 2007): 53.

Goodman, Amy. "Native American Activist Winona LaDuke at Standing Rock: It's Time to Move on from Fossil Fuels." *Democracy Now*, September 12, 2016. https://www.democracynow.org/2016/9/12/native_americ an_activist_wi nona_laduke_at.

Griffin, David Ray, ed. *The Reenchantment of Science: Postmodern Proposals.* Albany: State University of New York Press, 1988.

—. *Unprecedented: Can Civilization Survive the CO2 Crisis?* Atlanta: Clarity, 2015.

Grim, John, and Mary Evelyn Tucker. *Ecology and Religion.* Washington, DC: Island, 2014.

Grooten, M., and R. E. A. Almond, eds. *Living Planet Report.* Gland, Switzerland: World Wildlife Fund, 2018.

Grusin, Richard, ed. *Anthropocene Feminism.* Center for 21st Century Studies. Minneapolis: University of Minnesota Press, 2017.

Gulliford, Andrew. "Love Stories from Tres Piedras." *Durango Herald*, September 7, 2016. https://www.aldoleopold.org /post/love-stories-tres-pie dras/.

Hamilton, Clive. *Defiant Earth: The Fate of Humans in the Anthropocene.* Cambridge: Polity, 2017.

—. *Requiem for a Species*. New York: Routledge, 2015.

Hamilton, Clive, Christophe Bonneuil, and François Gemenne, eds. *The Anthropocene and the Global Environmental Crisis: Rethinking Modernity in a New Epoch*. New York: Routledge, 2015.

Hanania, Jordan, Kailyn Stenhouse, and Jason Donev. "Discovery of the Greenhouse Effect," 2019. http://energyeducation.ca/encyclopedia/Discovery_of_the_greenhouse_effect.

Hanna, Jonathan. "Native Communities and Climate Change: Protecting Tribal Resources as Part of National Climate Policy." Natural Resources Law, Boulder, CO, 2007. http://www.colorado.edu/law/centers/nrlc/publications/ClimateChangeReport-FINAL%20_9.16.07_.pdf.

Haraway, Donna. "Anthropocene, Capitalocene, Plantationocene, and Chthulucene: Making Kin." *Environmental Humanities* 6 (2015): 159–65.

—. *Staying with the Trouble: Making Kin in the Chthulucene*. Durham: Duke University Press, 2016.

—. "Tentacular Thinking: Anthropocene, Capitalocene, Chthulucene." *E-flux Journal*, no. 75 (September 2016).

Harris, Ron. "Law, Finance, and the First Corporations." In *Global Perspectives on the Rule of Law*, edited by James J. Heckman, Robert L. Neilson, and Lee Cabatingan. New York: Routledge, 2009.

—. "The Transplantation of the Legal Discourse on Corporate Personality Theories: From German Codification to British Political Pluralism and American Big Business." *Washington & Lee Law Review* 63 (2006): 1421–78. http://scholarlycommons.law.wlu.edu/wlulr/vol63/iss4/7.

Hawthorne, Nathaniel. *The Celestial Railroad*(1843). http://www.online-literature.com/hawthorne/127/.

—. *The House of the Seven Gables*(1851). New York: Modern Library, 2001.

"Healing Our Planet Earth (HOPE) Conference." https://www.episcopalchurch.

org/library/article/faith-based-action-climate-change-urged-seattle-hope-confere
nce.

Hecht, Gabrielle. "The African Anthropocene." *Aeon*, 2018. https://aeon.co/essays/
if-we-talk-about-hurting-our-planet-who-exactly-is-the-we.

Hiebert, Erwin. *Historical Roots of the Principle of the Conservation of Energy*.
Madison: Wisconsin State Historical Society, 1962.

Horkheimer, Max. *Eclipse of Reason*. New York: Seabury, 1974.

Howarth, Alice. "The Ten Turner Paintings Every Man Needs to See." *GQ
Magazine*, October 31, 2015. https://www.gq-magazine.co.uk/article/turnerpain
tings-top-ten-timothy-spall.

Interfaith Center on Corporate Responsibility. "Priorities of ICCR," 2004. http://
www.iccr.org /about/.

IPCC (Intergovernmental Panel on Climate Change). *Climate Change 2001: The
Scientific Basis; Contribution of Working Group I to the Third Assessment
Report of the Intergovernmental Panel on Climate Change*. Cambridge:
Cambridge University Press, 2001.

—. Working Group II Report: "Impacts, Adaptation and Vulnerability"; Working
Group III Report, "Mitigation of Climate Change"; Working Group IV Report,
"The Physical Science Basis," 2014. http://www.ipcc .ch/.

Jackman, W. T. *The Development of Transportation in Modern England*. 2 vols.
Cambridge: Cambridge University Press, 1962.

Jacobson, Mark Z., Mark A. Delucchi, Mary A. Cameron, and Bethany A. Frew.
"Low-Cost Solution to the Grid Reliability Problem with 100% Penetration
of Intermittent Wind, Water, and Solar for All Purposes." *Proceedings of the
National Academy of Sciences* 112, no. 49 (December 8, 2015): 15060–65.

Jantsch, Eric. *The Self-Organizing Universe: Scientific and Human Implications
of the Emerging Paradigm of Evolution*. New York: Pergamon, 1980.

Jenkins, Matt. "Carbon Capture." *Nature Conservancy Magazine* (Fall 2018). "Jet

Fuel Consumption by Country." https://www.statista.com/statistics/197690/us-airline-fuel-consumption-since-2004/, p.3.

Joule, James Prescott. "On Changes of Temperature Produced by the Rare-faction and Condensation of Air." *Philosophical Magazine*, ser. 3, vol. 26, no. 174 (May 1845): 369–83.

Keaten, Jamey. "Melting Ice Opens Route through Arctic." *San Francisco Chronicle*, September 16, 2007, A2.

Kendall-Miller, Heather. Native American Rights Fund News, June 10, 2007. http://narfnews.blogspot.com/2007_06_01_archive.html.

Kingsolver, Barbara. *Flight Behavior*. New York: HarperCollins, 2012.

Klein, Naomi. *This Changes Everything: Capitalism vs. the Climate*. New York: Simon & Schuster, 2014.

Kolbert, Elizabeth. *Field Notes from a Catastrophe: Man, Nature, and Climate Change*. New York: Bloomsbury, 2006.

Kornweibel, Theodore Jr. *Railroads in the African American Experience: A Photographic Journey*. Baltimore: Johns Hopkins University Press, 2010.

Kress, John W., and Jeffrey K. Stine, eds. *Living in the Anthropocene: Earth in the Age of Humans*. Washington, DC: Smithsonian Institution, 2017.

Kuhn, Thomas. *The Copernican Revolution: Planetary Astronomy in the Development of Western Thought*. Cambridge, MA: Harvard University Press, 1957.

—. *The Structure of Scientific Revolutions*. Chicago: University of Chicago Press, 1962.

Kyoto Protocol to the United Nations Framework Convention on Climate Change, 1997. United Nations. *American Journal of International Law* 92, no. 2 (April 1998): 315–31.

Lao Tzu. *The Tao-Teh King*. Translated by C. Spurgeon Medhurst. Wheaton, IL: Theosophical Publishing House, 1972.

Leiserowitz, Anthony. "American Opinions on Global Warming." School of

Forestry and Environmental Studies, Yale University, 2007. http://environment .yale.edu/news/5305-american-opinions-on-global-warming/.

—. "American Risk Perceptions: Is Climate Change Dangerous?" *Risk Analysis* 25, no. 6 (2005): 1433–42.

Leopold, Aldo. *A Sand County Almanac*. London: Oxford University Press, 1949.

Lo, Erin. "How Fast Will Jet Fuel Consumption Rise? 2017. https://repository.upenn.edu/cgi/viewcontent.cgi?referer=https://www.google.co m/& httpsredir=1&article=1151&context=wharton_research_scholars.

Lomborg, Bjørn. *Cool It: The Skeptical Environmentalist's Guide to Global Warming*. New York: Knopf, 2007.

Lovelock, James. *Gaia: A New Look at Life on Earth*. New York: Oxford University Press, 1979.

Luke, Timothy, ed. "Political Critiques of the Anthropocene." *Telos* 172 (Fall 2015).

Mach, Ernst. *Principles of the Theory of Heat*. Translated by T. J. McCormack. Dordrecht: Reidel, 1986.

Macilenti, Alessandro. *Characterising the Anthropocene: Ecological Degradation in Italian Twenty-First Century Literary Writing*. Berlin: Peter Lang, 2018.

Macintyre, James. "Pope to Make Climate Action a Moral Obligation." Independent Online, September 22, 2007. http://news.independent.co.uk/europe/article 2987811.ece.

MacKay, Kevin. *Radical Transformation: Oligarchy, Collapse, and the Crisis of Civilization*. Toronto: Between the Lines, 2017.

Magie, William F., trans. and ed. The Second Law of Thermodynamics: Memoirs by Carnot, Clausius, and Thomson. New York: Harper, 1899.

—, ed., *A Source Book in Physics*. Cambridge, MA: Harvard University Press, 1963.

Major, Alice. *Welcome to the Anthropocene*. Edmonton: University of Alberta

Press, 2018.

Mallet, Whitney. "Naomi Klein's Radical Guide to the Anthropocene." Documentary, 2015. https://newrepublic.com/article/122981/naomi-kleins-radical-guideanthropocene.

Malm, Andreas. "The Anthropocene Myth." *Jacobin Magazine*, March 30, 2015.

——. *Fossil Capital: The Rise of Steam Power and the Roots of Global Warming.* London: Verso, 2016.

Mann, Charles. "The Dawn of the Homogenocene." *Orion Magazine*, 2011. https://orionmagazine.org /article/the-dawn-of-the-homogenocene/.

——. "Living in the Homogenocene: The First 500 Years." The Long Now Foundation, April 23, 2012. http://longnow.org/seminars/02012/apr/23 /living-homogenocene-first-500-years/.

——. *1493: Uncovering the New World Columbus Created.* New York: Knopf, 2011.

Martyris, Nina. "Barbara Kingsolver, Barack Obama, and the Monarch Butterfly." *New Yorker*, April 10, 2015.

Marx, Leo. *The Machine in the Garden: Technology and the Pastoral Ideal in America.* New York: Oxford University Press, 1967.

Maslin, Mark. *Global Warming: A Very Short Introduction.* New York: Oxford University Press, 2004.

Maxwell, James C. *Theory of Heat.* New York: Dover, 1871.

McDaniel, Jay. "Christian Spirituality as Openness to Fellow Creatures." *Environmental Ethics* 8, no. 4 (Spring 1986): 33–46.

——. *Of God and Pelicans: A Theology of Reverence for Life.* Louisville, KY: Westminster John Knox, 1989.

——. "Physical Matter as Creative and Sentient." *Environmental Ethics* 5, no. 4 (Winter 1983): 291–317.

McDonald, Norris. "Global Climate Change and the African-American Community (Part I)." African American Environmentalist Association, 2007. http:// www.aaenvironment.com/GlobalWarming1.htm.

McEvoy, Paul. *Classical Theory*. San Francisco: Microanalytix, 2002.

McKibben, Bill. "Can Anyone Stop It?" *New York Review of Books*, October 11, 2007.

—. *The End of Nature*. New York: Random House, 1989.

McNeill, John R. "Nature Preservation and Political Power in the Anthropocene." In *After Preservation: Saving American Nature in the Age of Humans*, edited by Ben Minteer and Stephen J. Pyne. Chicago: Uni- versity of Chicago Press.

McNeill, John R., and Peter Engelke. *The Great Acceleration: An Environmental History of the Anthropocene since 1945*. Cambridge, MA: Harvard University Press, 2014.

McPhee, John. "Coal Train—A Reporter at Large," part 1. *New Yorker*, October 3, 2005; part 2, October 10, 2005.

Mendoza, Eric, ed. *Reflections on the Motive Power of Fire by Sadi Carnot and Other Papers on the Second Law of Thermodynamics by E. Clapeyron and R. Clausius*. New York: Dover, 1960.

Mentz, Steven. "Anthropocene v. Homogenocene," January 25, 2013. http:// stevementz.com/anthropocene-v-homogenocene/.

Merchant, Carolyn. *Autonomous Nature: Problems of Prediction and Control from Ancient Times to the Scientific Revolution*. New York: Routledge, 2016.

—. *The Death of Nature: Women, Ecolog y, and the Scientific Revolution*. 3rd ed. San Francisco: HarperCollins, 2020.

—. *Earthcare: Women and the Environment*. New York: Routledge, 1996.

—. *Ecological Revolutions: Nature, Gender and Science in New England*. 2nd ed. Chapel Hill: University of North Carolina Press, 2010.

—. https://ourenvironment.berkeley.edu/people/carolyn-merchant.

—, ed. *Major Problems in American Environmental History: Documents and Essays*. 3rd ed. Boston: Wadsworth Cengage, 2012.

—. "Partnership Ethics: Business and the Environment." In *Environmental Challenges to Business*, edited by Patricia Werhane. 1997 Ruffin Lectures, University of Virginia Darden School of Business. Bowling Green, OH: Society for Business Ethics, 2000.

—. "Partnership with Nature." In "Eco-Revelatory Design: Nature Constructed/Nature Revealed." Special issue, Landscape Journal (1998): 69–71.

—. *Radical Ecology: The Search for a Livable World*. 2nd ed. New York: Routledge, 2005.

—. *Reinventing Eden*. 2nd ed. New York: Routledge, 2013.

—. "Restoration and Reunion with Nature." *Restoration and Management Notes* 4 (Winter 1986): 68–70.

—. *Science and Nature: Past, Present, and Future*. New York: Routledge, 2018.

Miller, Brandon, and Jay Croft. "'Life-or-Death' Warning: Major Study Says World Has Just 11 Years to Avoid Climate Change Catastrophe." CNN, October 8, 2018. https://amp.cnn.com/cnn/2018/10/07/world/climate-change-new-ipcc-report-wxc/index.html.

Mirzoeff, Nicholas. "Visualizing the Anthropocene." *Public Culture* 26, 2 (2014): 213–32.

Moore, Jason, ed. *Anthropocene or Capitalocene? Nature, History, and the Crisis of Capitalism*. Oakland, CA: PM Press, Kairos Books, 2016.

—. *Capitalism in the Web of Life: Ecology and the Accumulation of Capital*. London: Verso, 2015.

—. "The Capitalocene: On the Nature and Origins of Our Ecological Crisis," pt. 1, "The Capitalocene: Abstract Social Nature and the Limits to Capital." *Journal of Peasant Studies* 44, no. 3 (2017): 594–630.

—. "The Capitalocene," pt. 2, "Accumulation by Appropriation and the Centrality of Unpaid Work/Energy." *Journal of Peasant Studies*. doi:10.1080/03066 150.2016.1272587.

—. *Ecology in the Web of Life: Ecology and the Accumulation of Capital*. London: Verso, 2015.

Morello-Frosch, Rachel, and Bill M. Jesdale. "Separate and Unequal: Residential Segregation and Estimated Cancer Risks Associated with Ambient Air Toxics in U. S. Metropolitan Areas." *Environmental Health Perspectives* 114, no. 3 (March 2006): 386–93.

Morrison, Alex. "Envisioning Change: Combating Climate Change with Art." PFSK, July 26, 2007. http://www.psfk.com/2007/07/envisioning-change-com bating-climate-change-with-art.html.

Mullan, John. "My Favorite Dickens: Dombey and Son." *Guardian*, September 23, 2011. https://www.theguardian.com/books/2011/sep/23/charlesdickens-fa vourite-dombey-son.

—. "Railways in Victorian Fiction." *Discovering Literature: Romantics and Victorians*, British Library, May 15, 2014. https://www.bl.uk/romantics-and victorians/articles/railways-in-victorian-fiction#.

Naess, Arne. "The Shallow and the Deep, Long-Range Ecology Movement." *Inquiry* 16 (1973): 95–100.

Nahm, Milton C., ed. *Selections from Early Greek Philosophy*. 3rd ed. New York: Appleton-Century-Crofts, 1947.

Nebeky, Tobias, and Jesse Oak Taylor, eds. *Anthropocene Reading: Literary History in Geologic Times*. University Park: Pennsylvania University Press, 2017.

Needham, Joseph. *Science and Civilization in China*. Cambridge: Cambridge University Press, 1956.

Newburgh, Ronald. "Carnot to Clausius: Caloric to Entropy." *European Journal of Physics* 30 (2009): 713–28.

Newton, Isaac. *Mathematical Principles of Natural Philosophy*. Translated by A. Motte and F. Cajori. Berkeley: University of California Press, 1960.

Nordhaus, Ted, and Michael Shellenberger. *Break Through: From the Death of Environmentalism to the Politics of Possibility*. Boston: Houghton Mifflin, 2007.

"Ocean Acidification." *National Geographic*, April 17, 2017.

Paavola, Jouni, and W. Neil Adger. *Fairness in Adaptation to Climate Change*. Cambridge, MA: MIT Press, 2006.

Palmer, Donald. *Looking at Philosophy: The Unbearable Heaviness of Philosophy Made Lighter*. Mountain View, CA: Mayfield, 1988.

Pálsson, Gísli, Sverker Sörlin, Brownislaw Szerzynski, et al. "The Anthropo- cene: Integrating the Social Sciences and Humanities." *Environmental Science and Policy* 28 (2013): 4–13.

Parker, Alan, et al. "Climate Change and Pacific Rim Indigenous Nations." Northwest Indian Applied Research Institute. Olympia, WA: Evergreen State College, October 2006. http://academic.evergreen.edu/g/grossmaz/IndigClimat e2.pdf.

Patel, Prachi. "Airplanes Flying on Biofuels Emit Fewer Climate-Warming Particles." Anthropocenemagazine.org, March 16, 2016. http://www.an thropo cenemagazine.org/2017/03/airplanes-flying-on-bio-jetfuel-emit-fewer-climate-w arming-particles/.

Pereira Savi, Melina. "The Anthropocene (and) (in) the Humanities," *Revista estudos feministas* 25, no. 2 (May–August 2017.)

Pope Francis. "Laudato Si: On Care for Our Common Home." May 24, 2015. http://m.vatican.va/content/francescomobile/en/encyclicals/documents/papa-fran cesco_20150524_enciclica-laudato-si.html.

Prigogine, Ilya. "Time, Structure, and Fluctuations." Nobel lecture, December 8, 1977. https://www.nobelprize.org/nobel_prizes/chemistry/laureates/1977/prigo

참고문헌

gine-lecture.pdf.

Prigogine, Ilya, and Isabelle Stengers. *Order out of Chaos: Man's New Dialogue with Nature*. New York: Bantam, 1984.

Purdy, Jedediah. *After Nature: A Politics for the Anthropocene*. Cambridge, MA: Harvard University Press, 2015.

Raftery, Adrian E., et al. "Less Than 2°C Warming by 2100 Unlikely." Nature Climate Change 7 (September 2017): 637–41.

Rankine, William. *A Manual of the Steam Engine and Other Prime Movers*. London: R. Griffin, 1859.

—. "On the General Law of the Transformation of Energy." *London, Edinburgh, and Dublin Philosophical Magazine and Journal of Science*, ser. 4, vol. 5 (1853): 106–17.

—. "On the Mechanical Action of Heat, Especially in Gases and Vapours." *Transactions of the Royal Society of Edinburgh* 20 (February 4, 1850): 147–64.

Rawls, John. *A Theory of Justice*. Oxford: Oxford University Press, 1971.

Rayner, Steve, and Elizabeth L. Malone, eds. *The Societal Framework(Human Choice and Climate Change)*. Vol. 1. Columbus: Batell, 1998.

Ritvo, Harriet. "Fighting for Thirlmere: The Roots of Environmentalism." *Science* 300 (June 6, 2003): 1510–11.

Robin, Libby, Sverker Sörlin, and Paul Warde, eds. *The Future of Nature: Documents of Global Change*. New Haven: Yale University Press, 2013.

Rockeymore, Maya. *African-Americans and Climate Change: Unequal Burdens and Ethical Dilemmas*. Washington, DC: Congressional Black Caucus Foundation, 2007.

Ruddiman, William F. "The Anthropogenic Greenhouse Era Began Thousands of Years Ago." *Climatic Change* 61, no. 3 (2003): 261–93.

—. "Debate over the Early Anthropogenic Hypothesis." *RealClimate*, December

2005.

—. *Earth Transformed*. New York: W. H. Freeman, 2013.

—. "How Did Humans First Alter Global Climate?" *Scientific American*, March 2005.

Ruether, Rosemary Radford. *Integrating Ecofeminism, Globalization and World Religions*. Lanham, MD: Roman & Littlefield, 2005.

Runes, Dagobert D. *Pictorial History of Philosophy*. New York: Philosophical Library, 1959.

Russell, Dick. "Environmental Racism: Minority Communities and Their Battle against Toxics." *Amicus Journal* 11, no. 2 (Spring 1989): 22–32.

Said, Carolyn. "Uber Is on the Road to Becoming the Amazon of Transportation." *San Francisco Chronicle*, September 7, 2018, C-1, C-3.

Samways, Michael. "Translocating Fauna to Foreign Lands: Here Comes the Homogenocene." *Journal of Insect Conservation* 3 (1999): 65–66.

Schivelbusch, Wolfgang. *The Railway Journey: The Industrialization of Time and Space in the Nineteenth Century*. 3rd ed. Berkeley: University of California Press, 2014.

Schwartz, Robert. Mt. Holyoke College, "The Industrial Revolution and the Railroad System," "Opposing Voices," https://www.mtholyoke.edu/courses/rschwart/ind_rev/voices/wordsworth.html.

Sellers, Charles. *The Market Revolution: Jacksonian America, 1815–1846*. New York: Oxford University Press, 1991.

Shedd, John C. "A Mechanical Model of the Carnot Engine." *Physical Review* 8, no. 3 (January 1899): 174–80.

Shepard, John. "Can't We Just Remove Carbon Dioxide from the Air to Fix Climate Change?" August 3, 2015. http://theconversation.com/cant-we-just-remove-carbon-dioxide-from-the-air-to-fix-climate-change-not -yet-45621.

Sherma, Rita D., and Arvind Sharma, eds. *Hermeneutics and Hindu Thought:*

Toward a Fusion of Horizons. New York: Springer, 2008.

Simon, Kathy. "Railroad Paintings and Art." https://www.pinterest.com/xbowler/railroad-paintings-and-art/.

Singer, Peter. "Ethics and Climate Change: Commentary." *Environmental Values* 15, no. 3 (2006): 415–22.

Smith, Crosbie, and Norton Wise. *Energy and Empire: A Biographical Study of Lord Kelvin*. New York: Cambridge University Press, 1989.

Snyder, Gary. *Riprap and Cold Mountain Poems*. Berkeley: Counterpoint, 2009.

Solnick, Sam. *Poetry and the Anthropocene: Ecology, Biology, and Technology in Contemporary British and Irish Poetry*. New York: Routledge, 2016.

Soni, Jimmy, and Rob Goodman. *How Claude Shannon Invented the Information Age*. New York: Simon & Schuster, 2017.

Sörlin, Sverker. "Environmental Turn in the Human Sciences" and "The Anthropocene: What Is It?" *The Institute Letter* (Institute for Advanced Study, Princeton, NJ) (Summer 2014): 1, 12–13.

Spangenberg, Joachim. "China in the Anthropocene: Culprit, Victim or Last Best Hope for a Global Ecological Civilization?" *BioRisk* 9 (2014): 1–37. "Steam Engine." Wikipedia. http://www.deutsches-museum.de/en/information/young-people/inventors-trail/drivetrains/steam-engine/.

Steffen, Will, Paul Crutzen, and John McNeill. "The Anthropocene: Are Humans Now Overwhelming the Great Forces of Nature?" *Ambio* 6, no. 8 (December 2007): 614–71.

Steffen, Will, et al. *Global Change and the Earth System: A Planet under Pressure*. New York: Springer, 2004.

Stevens, Lara, Peta Tait, and Denise Varney, eds. *Feminist Ecologies: Changing Environments in the Anthropocene*. London: Palgrave MacMillan, 2018.

Stewart, Jill. "Home May Rise on Incinerator Site." *Los Angeles Times*, May 30, 1990. http://articles.latimes.com/1990–05–30/news/mn-277_1_los-angeles.

Taylor, Bron, ed. *Encyclopedia of Religion and Nature*. New York: Bloomsbury, 2005.

Thomas, Inigo. "The Chase." *London Review of Books*, October 20, 2016, 15–18. https://www.lrb.co.uk/v38/n20/inigo-thomas/the-chase.

Thomson, William (Lord Kelvin). *Mathematical and Physical Papers*. Cambridge: Cambridge University Press, 1882.

—. "On the Dynamical Theory of Heat with Numerical Results Deduced from Mr. Joule's Equivalent of a Thermal Unit and M. Regnault's Observations on Steam." *Transactions of the Royal Society of Edinburgh* (March 1851): 8–21, 105–17, 168–76.

—. "On the Universal Tendency in Nature to the Dissipation of Mechanical Energy." *Proceedings of the Royal Society of Edinburgh* 4 (April 19, 1852): 304–6.

Thoreau, Henry David. *Walden; or, Life in the Woods*. Boston: Ticknor & Fields, 1854.

Thorne, Tony. *The Singularity Is Coming...! The Artificial Intelligence Explosion*. N.p.: CreateSpace, 2015.

Tory, Sarah. "Religious Communities Are Taking on Climate Change." *High Country News*, September 18, 2017. http://www.hcn.org /issues/49.16/activism-why-religious-communities-are-taking-on-climate-change.

Totman, Conrad. *Japan: An Environmental History*. London: I. B. Tauris, 2014.

Trexler, Adam. *Anthropocene Fictions: The Novel in a Time of Climate Change*. Charlottesville: University of Virginia Press, 2015.

Tsing, Anna, Heather Swanson, Elaine Gan, and Nils Bubandt, eds. *Arts of Living on a Damaged Planet: Ghosts and Monsters of the Anthropocene*. Minneapolis: University of Minnesota Press, 2017.

Tucker, Mary Evelyn. *The Emerging Alliance of Religion and Ecology*. Salt Lake City, UT: University of Utah Press, 2014.

Tucker, Mary Evelyn, and John Grim, eds. *Religions of the World and Ecology.* 9 vols. Cambridge, MA: Harvard University Press, 1997–2004.

Tyndall Centre for Climate Change Research. "Justice and Adaptation to Climate Change." *Working Paper* 23, October 2002. http://www.tyndall.ac.uk/publi cations/working_papers/wp23.pdf.

Union of Concerned Scientists. "Capping Global Warming Emissions." California Climate Choices, a Fact Sheet, 2006. http://www.law.stanford.edu/program/ centers/enrlp/pdf/AB-32-fact-sheet.pdf.

United Nations Environment Program. "Envisioning Change: Melting Ice/Hot Topic." Art for the Environment Project for World Environment Day. Oslo, Norway, 2007. https://www.culturenet.hr/UserDocsImages /attachmenti/15522. pdf.

United States Global Change Research Program. "United States National Assessment of the Potential Consequences of Climate Variability and Change Region: Native Peoples/Native Homelands," May 25, 2005. http://www.usgcrp .gov/usgcrp/nacc/npnh-sw.htm.

U. S. Commission on Civil Rights. "Not in My Backyard, Executive Order 12,898 and Title VI as Tools for Achieving Environmental Justice," October 2003. http://www.usccr.gov/pubs/envjust/ej0104.pdf.

U. S. Environmental Protection Agency. Climate Change Science. "Future of Climate Change," 2017. https://19january2017snapshot.epa.gov/climate-chan ge-science/future-climate-change_.html.

Vidal, John, and Tom Kington. "Pope Puts Focus on Climate Change and the Environment." *The Age Newspaper* (Melbourne), April 28, 2007.

Vince, Gaia. *Adventures in the Anthropocene: A Journey to the Heart of the Planet We Made.* Minneapolis: Milkweed, 2014.

Viveiros de Castro, Eduardo. "Exchanging Perspectives." *Common Knowledge* 10, no. 3 (Fall 2004): 463–84.

Voosen, Paul. "Scientists Drive Golden Spike toward Anthropocene's Base." *Greenwire*, September 17, 2012. https://www.eenews.net/stories/10599 70036.

Waldman, Anne. "Anthropocene Blues," 2017. Originally published in *Poem-a-Day* on February 2, 2016, by the Academy of American Poets. https:// www. poets.org /poetsorg /poem/anthropocene-blues.

Waldrop, M. Mitchell. *Complexity: The Emerging Science at the Edge of Order and Chaos*. New York: Simon & Schuster, 1992.

Wark, McKenzie. *Molecular Red: Theory for the Anthropocene*. London: Verso, 2015.

Waters, Colin N., et al. "Can Nuclear Weapons Fallout Mark the Beginning of the Anthropocene Epoch?" *Bulletin of the Atomic Scientists* 7, no. 3 (2015): 46–57.

Watts, Jonathan. " 'For Us the Land Is Sacred:' On the Road with the De- fenders of the World's Forests." *Guardian*, November 4, 2017. https://www.theguar dian.com/environment/2017/nov/04/bonn-climate-conference-on-the-road-with-defenders-of-the-forest.

Weart, Spencer. *The Discovery of Global Warming*. Cambridge, MA: Harvard University Press, 2003.

—. The Discovery of Global Warming: A History. https://history.aip.org/climate/ summary.htm.

Wells, Jennifer. Complexity and Sustainability. New York: Routledge, 2013.

Wells, Jennifer, and Carolyn Merchant. "Melting Ice: Climate Change and the Humanities." *Confluence* 14, no. 2 (Spring 2009): 13–27.

"What Exactly Is the Heat Death of the Universe and Where Can I Find out More?" http://www.physlink.com/education/askexperts/ae181.cfm. White, Lynn Jr. "The Historical Roots of Our Ecologic Crisis." *Science* 155, no. 3767 (March 10, 1967): 1203–7.

Whitehead, Alfred North. *Process and Reality*. Edited by David Ray Griffin and

Donald W. Sherburne. New York: Free Press, 1978.

Whitman, Walt. "To a Locomotive in Winter." https://www.poets.org/poets org/poem/locomotive-winter.

Wilcox, Shari. "Resisting the Plantationocene: The Case of Postcolonial and Post-s lavery Banana Plantations in the French Caribbean." University of Wisconsin, Madison, February 27, 2018. https://sts.wisc.edu/event/resisting-theplantationo cene-the-case-of-postcolonial-and-post-slavery-banana-plantations-in-the-french -caribbean/.

Wilson, Steven S. "Sadi Carnot." *Scientific American* 245, no. 2 (August 1981): 131–45.

Wordsworth, William. *The Collected Poems of William Wordsworth*. Edited by Antonia Till. Wordsworth Poetry Library. Hertfordshire, UK: Words- worth Editions, 1994.

Worster, Donald. *Nature's Economy: A History of Ecological Ideas*. New York: Cambridge University Press, 1994.

Worthy, Kenneth, Elizabeth Allison, and Whitney A. Bauman, eds. *After the Death of Nature: Carolyn Merchant and the Future of Human-Nature Relations*. New York: Routledge, 2018.

Wrigley, Tony. *Continuity, Chance and Change: The Character of the Industrial Revolution in England*. Cambridge: Cambridge University Press 1990.

—. *Energy and the English Industrial Revolution*. Cambridge: Cambridge University Press, 2010.

Yaqoob, M. Mateen. "Introduction to Computers, History and Applications." https://slideplayer.com/slide/8887437/.

Yohe, Gary. "An Issue of Equity." Book review of *Fairness in Adaptation to Climate Change*, by W. Neil Adger, Jouni Paavola, Saleemul Huq, and M. J. Mace. *Nature Reports Climate Change* 5 (October 2007). doi:10.1038/ climate.2007.51.

Zalasiewicz, Jan, Mark Williams, Will Steffen, and Paul Crutzen. "The New World of the Anthropocene." *Environmental Science and Technology*, 44 (2010): 2228–31.

그림 출처

프롤로그

그림 I.1. Paul Crutzen: Getty Images.

그림 I.2. Eugene Stoermer: Photograph provided by Russell G. Kreis, Jr.

그림 I.3. The Holocene: International Geosphere-Biosphere Programme, http://www.igbp.net/globalchange/anthropocene.4.1b8ae20512db692f2a680009238.html. Public domain.

그림 I.4. Global temperature change, 1880–2010: "Global Warming and the Climate," http://www.global-warming-and-the-climate.com/green house-warming-argument.html. Public domain.

그림 I.5. The Human Footprint: from Jessica Stites, "The Dawning of the Age of the Anthropocene," In These Times (Apr. 14, 2014): 1, chart designed by Rachel K. Dooley, from "The Dawning of the Age of the Anthropocene," In These Times, copyright 2014, used by permission.

그림 I.6. Environmental Protection Agency's projected atmospheric greenhouse gas concentrations, 2000–2100: https://19january2017snapshot.epa.gov/climate-change-science/future-climate-change_.html. Public domain.

그림 I.7. Svante Arrhenius: The Nobel Foundation, http://nobelprize.org /nobel_prizes/chemistry/laureates/1903/arrhenius-bio.html, Wiki-media Commons, http://commons.wikimedia.org/wiki/File:Svante_Arrhenius.jpg#/media /File:Svante_Arrhenius.jpg. Public domain.

그림 I.8. IGBP, the Great Acceleration: courtesy of Will Steffen. Figure I.9. Donna Haraway: Courtesy of Donna Haraway.

그림 I.10. Dipesh Chakrabarty: Courtesy of Dipesh Chakrabarty and Alan Thomas.

그림 I.11. Naomi Klein: photograph by Jay L. Clendenin; courtesy of Los Angeles Times.

그림 I.12. Ian Angus: Courtesy of Ian Angus.

그림 I.13. Eduardo Viveiros de Castro: Courtesy of Eduardo Viveiros de Castro.

그림 I.14. Jason W. Moore: Courtesy of Jason W. Moore.

1장

그림 1.1. Newcomen engine: Courtesy of Joseph Siry. Public domain.

그림 1.2. James Watt: Public domain.

그림 1.3. James Watt steam engine: Deutsches Museum, Munich.

그림 1.4. Sadi Carnot: Public domain.

그림 1.5. Benoît Paul Émile Clapeyron: Public domain.

그림 1.6. Rudolf Clausius: Public domain.

그림 1.7. William Thomson (Lord Kelvin): Chris Hellier/ Alamy Stock Photo.

그림 1.8. William Rankine: Public domain.

그림 1.9. Ludwig Boltzmann: Public domain.

그림 1.10. Boltzmann's equation for entropy: https://creativecommons.org/licenses/by-sa/3.0/.

2장

그림 2.1. Steam engine crossing the landscape: Greg Kelton / Alamy Stock Photo.

그림 2.2. Stationary steam engine: Creative Commons Attribution Share-alike license 2.0.

그림 2.3. Joseph Turner: Tate Gallery, London. Public domain.

그림 2.4. Joseph Turner, Fighting Temeraire Being Tugged to Her Last Berth, 1838: National Gallery, London. Public domain.

그림 2.5. Claude Monet, Arrival of the Normandy Train, 1877: Art Insti- tute of Chicago, Mr. and Mrs. Martin A. Ryerson Collection, ref. no. 1933.1158, https:

//www.artic.edu/artworks/16571/arrival-of-the -normandy-train-gare-saint-lazar e, https://www.artic.edu/image-licensing. Public domain.

그림 2.6. A train barrels down the tracks: Public domain, United States. Figure 2.7. "The 1833 Steamboat New England," 1919: Essex Institute, The Essex Institute Historical Collections, Peabody Essex Museum, 1859– 1993 (Salem, MA: Essex Institute Press), vol. 55, p. 128. Public domain.

그림 2.8. South Boston Iron Company, engraving 1884: PRISMA ARCHIVO / Alamy Stock Photo.

그림 2.9. Andrew Melrose, Westward the Star of Empire Takes Its Way, 1867: Museum of the American West, Los Angeles, Jane Cazneau Archive, https://janecazneau.omeka.net/items/show/16. Public domain.

그림 2.10. John Gast, American Progress, 1872: Autry Museum of the American West, Los Angeles. Public domain.

그림 2.11. John Kane, The Monongahela River Valley, Pennsylvania, 1931. © The Metropolitan Museum of Art. Image Source: Art Resource, NY.

그림 2.12. Trackwomen at the Baltimore & Ohio Railroad Company, 1943: National Archives, Research.archives.gov/description/522888. Public domain.

그림 2.13. African American Railway Workers: photograph by Cicero C. Simmons, courtesy Theodore Kornweibel Collection, California State Railroad Museum Library, Sacramento.

그림 2.14. Female engineer, Llangollen Railway, Wales: 2ebill / Alamy Stock Photo.

그림 2.15. Olafur Eliasson, Your Mobile Expectations: BMW H2R Project, 2007, On behalf of Olafur Eliasson; © Olafur Eliasson, used by permission.

3장

그림 3.1. William Wordsworth: IanDagnall Computing / Alamy Stock Photo.

그림 3.2. The William Wordsworth: http://www.davidheyscollection.com/userimages/00–0-a-rk-blencowe-70030-folkestone.jpg, copyright © Rod Blencowe (r.blencowe@ntlworld.com), used by permission.

그림 3.3. Charles Dickens: © Victoria and Albert Museum, London. Figure 3.4. Nathaniel Hawthorne: Charles Osgood (American, 1809-1890). Portrait of Nathaniel Hawthorne, 1840. Oil on canvas. Salem, Massachusetts, United States. 291/2 × 241/2 inches (74.93 × 62.23 cm). Peabody Essex Museum, Gift of Professor Richard C. Manning, 1933. 121459. Courtesy of Peabody Essex Museum. Photo by Mark Sexton.

그림 3.5. Ralph Waldo Emerson: Public domain.

그림 3.6. Henry David Thoreau: Public domain.

그림 3.7. Walden Train Station, or View of the Pavilion at Walden Pond: unknown American artist, undated, courtesy Concord Free Public Library, William Munroe Special Collections.

그림 3.8. Mark Twain: Encylopaedia Britannica, https://www.britannica.com/biography/Mark-Twain/media/610829/138635; Prints and Photo-graphs Division/ Library of Congress, Washington, DC. (neg. no. LC-USZ62–5513). Public domain.

그림 3.9. Walt Whitman: Public domain.

그림 3.10. Emily Dickinson: IanDagnall Computing / Alamy Stock Photo.

그림 3.11. Annie Dillard: Phyllis Rose. Reproduced courtesy of Russell & Volkening as agents for the author.

4장

그림 4.1. John Grim and Mary Evelyn Tucker: Courtesy of Mary Evelyn Tucker.

그림 4.2. Pope Benedict XVI. From website of President of Republic of Poland, free documentation license.

5장

6장

그림 6.5. Peter Singer: Photograph by Alletta Vaandering, used by per- mission of Peter Singer and Alletta Vaandering.

그림 6.6. Stephen M. Gardiner: University of Washington Photography, used by permission.

그림 6.7. Warren County protest: image by Jerome Friar, 1982, in the Jerome Friar Photographic Collection and Related Materials (P0090), North Carolina Collection, University of North Carolina Library at Chapel Hill.

그림 6.8. Protest over proposed sewage plant: David Vita, used by permission.

그림 6.9. Robert Bullard: Courtesy of Robert Bullard.

에필로그

그림 E.1. Mark Jacobson: Courtesy of Mark Jacobson.

그림 E2. Christopher Clack: Photograph from Cooperative Institute for Research in Environmental Sciences (CIRES), University of Colorado, Boulder, CIRES NOAA. Public domain.

그림 E.3. Ecological Revolutions diagram: Carolyn Merchant, "The Theoretical Structure of Ecological Revolutions," Environmental Review 11, no. 4 (Winter 1987): 268.

그림 출처

인류세의 인문학

기후변화 시대에서 지속가능성의 시대로

초판 1쇄 찍은날 2022년 6월 23일
초판 1쇄 펴낸날 2022년 6월 30일
지은이　캐럴린 머천트
옮긴이　우석영
펴낸이　한성봉
편집　최창문 · 이종석 · 강지유 · 조연주 · 조상희 · 오시경 · 이동현
콘텐츠제작　안상준
디자인　정명희
마케팅　박신용 · 오주형 · 강은혜 · 박민지
경영지원　국지연 · 강지선
펴낸곳　도서출판 동아시아
등록 1998년 3월 5일 제1998-000243호
주소 서울시 중구 퇴계로30길 15-8 [필동1가 26] 무석빌딩 2층
페이스북 www.facebook.com/dongasiabooks
전자우편 dongasiabook@naver.com
블로그　blog.naver.com/dongasiabook
인스타그램　www.instargram.com/dongasiabook
전화　02) 757-9724, 5
팩스　02) 757-9726
ISBN　978-89-6262-438-0　03190

만든 사람들
편집　　하명성
크로스교정　안상준
표지 디자인　최세정